助绿乡村振兴

农业绿色发展理论、政策和评价

魏 琦 金书秦 张 斌 等著

中国发展出版社
CHINA DEVELOPMENT PRESS

图书在版编目（CIP）数据

助绿乡村振兴：农业绿色发展理论、政策和评价 / 魏琦，金书秦，张斌，等著 . -- 北京：中国发展出版社，2018.12
ISBN 978-7-5177-0950-3

Ⅰ . ①助… Ⅱ . ①魏…②金…③张… Ⅲ . ①绿色农业—农业发展—研究—中国 Ⅳ . ① F323

中国版本图书馆 CIP 数据核字（2018）第 287007 号

书　　　名：助绿乡村振兴：农业绿色发展理论、政策和评价
著作责任者：魏　琦　金书秦　张　斌　等
出 版 发 行：中国发展出版社
（北京市西城区百万庄大街 16 号 8 层　100037）
标 准 书 号：ISBN 978-7-5177-0950-3
经　销　者：各地新华书店
印　刷　者：三河市东方印刷有限公司
开　　　本：710mm × 1000mm　1/16
印　　　张：13.5
字　　　数：130 千字
版　　　次：2019 年 1 月第 1 版
印　　　次：2019 年 1 月第 1 次印刷
定　　　价：59.00 元

联 系 电 话：（010）88919581　68990692
购 书 热 线：（010）68990682　68990686
网 络 订 购：http://zgfzcbs.tmall.com
网 购 电 话：（010）88333349　68990639
本 社 网 址：http://www.develpress.com.cn
电 子 邮 件：370118561@qq.com

序

习近平总书记指出，推进农业绿色发展是农业发展观的深刻变革，也是农业供给侧结构性改革的主攻方向。2017 年 9 月，中共中央办公厅、国务院办公厅联合印发了《关于创新体制机制推进农业绿色发展的意见》(以下简称《意见》)。这是中央出台的第一个以农业绿色发展为主题的文件，具有重大意义。乡村振兴战略是新时代“三农”工作总抓手，是决胜全面建成小康社会、全面建设社会主义现代化国家的重大历史任务，事关“两个一百年”奋斗目标的实现。农业绿色发展和乡村振兴是有机统一的整体。一方面，乡村振兴的各个方面都要以绿色发展为引领；另一方面，生态振兴是乡村振兴的内在要求，农业绿色发展也是乡村振兴的题中之义。

近年来，通过一系列有效措施，农业绿色发展取得了显著成效。农业面源污染防治攻坚顺利推进，化肥、农药用量从 2016 年起实现“双减”，畜禽粪便、农作物秸秆、废旧农膜等资源化利用水平不断提高；农业绿色发展的综合样板遍地开花，全国首批认定了 40 个国家农业可持续发展试验示范区（同时也是农业绿色发展试点先行区）；农业绿色发展制度保障日益健全，制修订了《土壤污染防治法》《农药管理条例》等一批法律法规，以绿色生态为导向的农业支持政策体系逐步完善。当然，也还有许多问题有待进一步深入研究，例如《意见》要求“依据绿色发展指标体系，完善农业绿色发展评价指标”，目前官方的评价指标尚未建立。

这次魏琦同志带领相关研究人员，在专家团队多年来成果的凝练与总结基础上，围绕农业绿色发展的理论依据、评价方法、政策措施等率先探索研究，并取得了具有建设性意义的阶段性成果，对农业绿色发展概念和实现形式演进历程进行了梳理，对我国改革开放 40 年来农业可持续发展实践进行了政策分析，最后构建的农业绿色发展评价指标体系，既考虑了指标选择的权威性，也考虑了数据的可得性和方法的科学性。全书内容丰富，数据翔实，具有较强的系统性、前瞻性和实用性，未来可望成为制定考核评估指标体系和学术界进一步探索的有益借鉴。

衷心祝贺这项成果的出版，也希望课题组再接再厉，取得更多高质量的研究成果，为乡村振兴的理论研究做出新的贡献。

中国农业科学院院长
唐华俊
中国工程院院士

2019 年 1 月 9 日

本书受到以下课题支持

◎ 国家重点研发计划课题“化肥农药减施增效管理政策创设研究”（编号：2016YFD0201304）

◎ 农业农村部农村经济研究中心重大课题“中国农业绿色发展指数研究及贯彻落实情况评估”（编号 488418）

◎ 农业农村部发展规划司委托“农业可持续发展扶持政策研究”

◎ 农业农村部科技教育司委托“农业环境治理体系研究”

目　录

第一章

总　论

本章执笔人：魏琦。

过去较长一段时间内，在农产品供给不足的压力下，产量成为农业生产追求的核心目标在获得高产出的同时，也导致水土资源低效利用、化肥农药过度投入、畜禽粪污大量排放，对农业生态系统和农村环境造成破坏，制约了农业的可持续发展。总体上看拼资源、拼投入、拼消耗的生产方式已经难以为继，农业亟待回归其绿之本色，推进农业绿色发展势在必行。这不仅是农业发展观的一场深刻革命，也是农业发展方式的重大转变。五大发展理念是习近平新时代中国特色社会主义思想的重要内容，在认识上，要把推进农业绿色发展置于落实新发展理念、缓解新时代社会主要矛盾的高度；在行动上，不能固循守旧，要在价值导向、政策支持、生产方式和消费方式等方面发生重大变革；在实现路径上，要分清轻重缓急，结合实际情况协同、渐次推进。

一、关于农业绿色发展的哲学思考

习近平总书记对中国农业的发展问题高度重视，先后做出一系列重要指示，其中一个重要思想就是推动实现农业绿色发展。为此，中共中央办公厅、国务院办公厅专门印发《关于创新体制机制推进农业绿色发展的意见》，这是党中央出台的第一个关于农业绿色发展的文件，对当前和今后一个时期的农业现代化建设具有长远指导意义。在党的十九大报告中，习近平总书记系统阐述了新时代中国特色社会主义思想的基本方略，明确提出要坚持人与自然和谐共生，形成绿色发展方式和生活方式，坚定走生产发展、生活富裕、生态良好的文明发展道路。我们必须坚持用新的思想来指导新的实践，深入贯彻落实党的十九大精神，切实把推进农业绿色发展的各项要求落到实处。

（一）从认识论来思考农业绿色发展中的新动能

马克思主义者认为，人们的认识，是一步又一步地由低级向高级发展的，即由浅入深，由片面到更多的方面。理论的重要性，在于它能够科学地指导行动。认识的能动作用不仅表现在从感性的认识到理性的认识这一飞跃，更重要的还表现在从理性的认识到革命的实践这一飞跃。习近平总书记总结人类文明发展的历史经验，立足于中国农业的发展实际，进一步丰富和发展了关于农业的发展理念，使我们对新时期中国农业发展新动能的认识进入了一个新阶段。

早在 2005 年，习近平同志就提出绿水青山就是金山银山的论断。后来他用三个阶段系统论述了绿水青山和金山银山的辩证关系，第一阶段就是用绿水青山换取金山银山，第二阶段是既要金山银山也要绿水青山，第三个阶段是绿水青山可以源源不断地带来金山银山，绿水青山本身就是金山银山。这三个阶段既是经济增长方式转变的过程，同时也是发展理念不断提升的过程，是人与自然关系不断调整、趋向和谐的过程。2015 年 5 月，他在浙江召开华东 7 省市党委主要负责同志座谈会时指出："让良好生态环境成为人民生活质量的增长点。"在党的十九大会议报告中，习近平总书记进一步指出："既要创造更多物质财富和精神财富以满足人民日益增长的美好生活需要，也要提供更多优质生态产品以满足人民日益增长的优美生态环境需要。"绿水青山就是金山银山的理念，是"创新、协调、绿色、开放、共享"发展新理念的核心要义之一，既是对生态文明建设的形象概括，也是指导推动农业绿色发展最核心的思想，对中国农业未来发展具有特殊重要的指导意义。

新中国成立以后很长一个时期，我国农业的主要任务是保供给，以满足人口快速增长、城镇化和工业化建设的需要。随着改革开放和农村家庭联产承包责任制的实行，我国农业在20世纪末期基本上解决了全国人民的温饱问题，实现了总体上供求平衡、丰年有余。随着统筹城乡发展战略的实施，农业的功能由主要保供给进一步扩大到保供给和促增收两个大的方面。进入21世纪以来，实现了粮食生产十二连增、农民收入十二连快的好成绩，中国农业的发展进入了一个新的历史阶段。党的十八大以来，随着经济发展进入新常态，中央提出要推进供给侧结构性改革，对农业发展提出了新要求，农业转型升级也面临着新机遇。在继续履行好保供给、促增收两大职能的同时，农业的生态保护功能日益突显。通俗地说，就是由原来的“搞粮”“搞钱”，进一步扩展为“搞绿”。农业本身具有绿色属性，农业生产是自然再生产的过程，农业是自然生态系统的重要组成部分。农业有责任、也有条件为生态文明建设做出更大贡献。理念是行动的先导。两山理论的提出，大大拓宽了以往关于传统农业的思想认识，是对可持续发展理论的创新与发展，为中国农业现代化发展注入了新动能，指明了新方向。

当前和今后一个时期，推动农业绿色发展，必须树立和践行绿水青山就是金山银山的理念，大力实施乡村振兴战略和可持续发展战略，切实统筹好生态文明建设和农业生产两个方面的关系，加快实现由传统农业向现代农业的转变。通过科技创新、区域布局和产业协同，未来中国农业不仅将与绿水青山相协同，同时还将为建设美丽中国创造出新的更多的绿水青山。在制度建设方面，要遵循生态系统整体性、生物多样性规律，统筹山水林田湖草保护建设，大力推行绿色生产方式，构建田园生态系统，创新草原保护制度，健全水生生态保护修复制度，实行林业和湿地养护制度等。在新产业和新业态方面，要更多地开发农业的社会功能和文化功能，促进一二三产业融合发展，充分发挥乡村各类物质与非物质资源富集的独特优势，利用“旅游 +”“生态 +”等模式，推进农业、林业与旅游、教育、文化、康养等产业深度融合，不断拓宽农业农村经济社会持续健康发展新的增长点。

（二）从矛盾论来思考农业绿色发展中的面源污染治理

马克思主义者认为，在复杂的事物发展过程中，有许多的矛盾存在，其中必有一种是主要的矛盾，由于它的存在和发展规定或影响着其他矛盾的存在和发展。人们要善于观察和分析各种事物的矛盾的运动，并根据这种分析，指出解决矛盾的方法。习近平总书记着眼于党和国家事业长远发展，立足五位一体总体布局，对新时代我国社会主要矛盾做出了新的科学论断，为推动农业转型升级、实现持续稳定健康发展指明了方向。

2013 年 5 月，习近平总书记在十八届中央政治局第六次集体学习时指出：“要正确处理好经济发展同生态环境保护的关系，牢固树立保护生态环境就是保护生产力、改善生态环境就是发展生产力的理念，更加自觉地推动绿色发展、循环发展、低碳发展，决不以牺牲环境为代价去换取一时的经济增长。”他不无担忧地警示大家，“经济上去了，老百姓的幸福感大打折扣，甚至强烈的不满情绪上来了，那是什么形势？”在党的十九大会议报告中，习近平总书记指出：“中国特色社会主义进入新时代，我国社会主要矛盾已经转化为人民日益增长的美好生活需要和不平衡不充分的发展之间的矛盾。”针对解决突出环境问题，他进一步指出：要“强化土壤污染管控和修复，加强农业面源污染防治，开展农村人居环境整治行动”。当前，农业的面源污染治理问题已不仅仅是一个经济问题，还是政治问题；不仅仅是农业部门或环保部门的事，而是关系中华民族永续发展的大事，牵动着亿万人民的心。

近年来，在各方面的共同努力下，中国粮食生产和保障能力有了很大的提升。自 2013 年首次突破 1.2 万亿斤大关，粮食产量已连续 5 年站稳这个台阶。不仅粮食连年丰收，其他重要农产品也供应充足。肉蛋菜果鱼等产量稳居世界第一，人均占有量均超过世界平均水平。现代农业建设迈出新步伐，物质技术装备水平大幅提升。主要农作物耕种收综合机械化水平已经超过了 65%，农业科技进步贡献率超过 56%，农田有效灌溉面积占比超过 52%，设施农业超过 5500 万亩，以往农业靠天吃饭的局面有了明显改观。与此同时，农业发展越来越受到水、土地等资源紧缺的约束，农业生产本身对环境造成的污染问题也越发突出，化肥农药过量使用、农业废弃物对环境造成污染，重金属残留等问题受到社会广泛关注。据2015年《全国环境统计公报》公布的数据：全国废水中化学需氧量（COD）排放量2223.5万吨，其中工业源化学需氧量排放量为293.5万吨、农业源化学需氧量排放量为1068.6万吨、城镇生活化学需氧量排放量为846.9万吨；废水中氨氮排放量229.9万吨，其中工业源氨氮排放量为21.7万吨、农业源氨氮排放量为72.6万吨、城镇生活氨氮排放量为134.1万吨。农业的COD、氨氮排放量占比分别是48%、31.6%。因此，我们有理由作出一个总体判断，就是经过艰苦努力，以往长期困扰我国的粮食供需矛盾已基本得到解决；当前的主要问题是高投入高消耗高产出的生产模式难以持续。人民日益增长的美好生活需要在乡村的一个主要表现，就是迫切希望农业农村生态环境质量退化问题能够尽快得到根本性改变。对此，群众有一个十分简洁的说法，就是“以往要温饱，现在要环保”。

当前和今后一个时期，推动农业绿色发展，一方面必须大力实施“藏粮于地、藏粮于技”战略，注意调动和保持地方重农抓粮和农民务农种粮的积极性，确保把中国人的饭碗牢牢端在自己手里；同时，必须切实采取有力措施，抓紧制定和落实化肥、农药使用量零增长的具体目标。要按照“一控两减三基本”的总体部署，加快推进秸秆、畜禽粪污、农膜等农业废弃物全利用，推动轮作休耕常态化，使农业生态环境在短期内有一个明显改善，积极回应人民群众对良好生态环境和美好生活的迫切愿望。在处理与生态环境保护的关系上，一定要避免把农业生产与生态环境保护对立起来的做法，坚持以科学规划和区域布局为指导，不搞简单地一关了之，一禁了之，而是要将绿色导向贯穿于农业发展全过程，推行绿色生产方式，实现生产与生态协调发展。

（三）从价值观来思考农业绿色发展中的农产品质量安全

价值观是价值主体关于价值基础、价值标准、价值目标、价值途径的基本观点。马克思主义者历来把人民群众作为价值主体，认为共产主义是人民群众自己解放自己的事业。中国共产党的几代领导人，都始终坚持马克思主义的价值观，强调价值目标与价值基础、价值标准、价值途径的统一。习近平总书记坚持和继承马克思主义的价值观，积极回应新时期人民群众的所思、所想、所盼，坚持发展依靠人民，发展为了人民，为农业供给侧结构性改革指明了方向。

我们党来自人民、植根人民，是全心全意为人民服务的政党，无论干革命、搞建设、抓改革，都是为了让人民过上幸福生活，始终坚持以人民为中心。习近平总书记强调：“检验我们一切工作的成效，最终都要看人民是否真正得到了实惠，人民生活是否真正得到了改善，人民权益是否真正得到保障。”2017 年十二届全国人大五次会议习近平总书记在四川代表团参加审议时再次强调：“必须深入推进农业供给侧结构性改革，主攻农业供给质量，注重可持续发展，加强绿色、有机、无公害农产品供给。”总书记还多次指出，“既要看速度，也要看增量，更要看质量。”在党的十九大会议报告中，习近平总书记进一步指出：“实施食品安全战略，让人民吃得放心”。以人民为中心的思想，是我们党治国理政新思想的一个核心要旨。人民对美好生活的期盼，就是我们奋斗和不懈努力的目标。农业绿色发展的落脚点是提供更多更加优质的农产品，能不能在食品安全上给老百姓一个满意的交代，是对党的执政能力的重大考验。

农产品质量安全问题一直是社会关心的热点问题，近年来有很大的变化。在各级农业部门的共同努力下，近年来修订了农兽药残留限量标准 6000 多项，农业行业标准 5000 多项，基本做到了有标可依。农产品质量安全监管也更有力。十八大以来，中央加强了食品安全管理，自上而下，包括到乡镇都建立了农产品质量安全队伍，基本上做到村里有人看、镇上有人检、县上有人管，市场执法监管变为常态化、专业化。强化了地方政府的属地管理责任和生产者的主体责任。根据最近五年的抽样检测结果，农产品的种植业、畜牧业、渔业总体产品质量安全抽检合格率都在96%以上，2017年达到97.8%。当前存在的问题，一是因为小规模生产居多，规模比重还不够高，风险隐患比较多；二是执法还要进一步完善和加大力度。从农产品的种类看，目前市场上大路货的产品比较多，人民群众对绿色优质农产品有着巨大的需求，但我们的供给还不能完全满足需要，比如前一阶段国人大量购买海外的奶粉就是一个很好的例子。

当前和今后一个时期，推动农业绿色发展，要以推进农业供给侧结构性改革为目标，把增加绿色优质农产品供给摆在更加突出的位置，大力增加优质、安全、特色农产品供给，由主要满足“量”的需求向更加注重“质”的需求转变。要努力生产更多的优质、品牌农产品，以适应城乡居民消费结构快速升级的需求。要健全农产品质量和食品安全监管体制，强化风险分级管理和属地责任，加大抽检监测力度。要建立全程可追溯、互联共享的追溯监管综合服务平台，鼓励生产经营主体投保食品安全责任险。抓紧修订农产品质量安全法。要积极回应社会对转基因农产品安全等问题的关注，加强科普工作，及时化解一些不必要的恐慌情绪。

农业绿色发展既是一个理论问题，也是一个现实问题；既要着眼当前，也要谋划长远；既要政策扶持，也要科技支撑；既要示范引导，也要监督执法。只要我们坚持以习近平新时代中国特色社会主义思想为指导，以抓铁有痕、踏石留印的精神抓落实，深入推进实施乡村振兴战略，就一定能够实现中国农业农村的现代化，同时也为当代世界的发展提供更多的中国智慧。

二、农业绿色发展是一场深刻革命

习近平总书记在2017年底召开的中央农村工作会议上指出，以绿色发展引领乡村振兴是一场深刻革命。对其含义理解主要有两个方面：一是乡村振兴离不开绿色发展，绿色发展是新的科学发展观，是起引领作用的，是驱动力；二是绿色发展不是轻轻松松就能实现的。革命是指推动事物发生根本变革，引起事物从旧质变为新质的飞跃。因此，实现农业绿色发展，需要一次真正意义的变革，要实现工作导向和工作重心的重大调整，要实现生产方式和消费取向的重大转变。具体讲，要加快实现“四个变革”。

（一）价值导向的变革

价值观是基于人的一定的思维感官之上而作出的认知、理解、判断或抉择，也就是人认定事物、辨定是非的一种思维或取向，对人们自身行为的定向和调节起着非常重要的作用。过去我们吃不饱，工作的价值导向是数量优先、越多越好，主要是围着增产转；现在，农业生产连年丰收，数量已经不是主要问题了，质量成为主要矛盾。在2017年中央经济工作会议上习近平总书记强调，推动高质量发展，是我们当前和今后一个时期确定发展思路、制定经济政策、实施宏观调控的根本要求；要推进农业供给侧结构性改革，坚持质量兴农、绿色兴农，农业政策从增产导向转向提质导向。这一重要论断，深刻指出了推进高质量发展的重要意义，指明了农业农村经济发展的新的价值导向。

价值导向和思想观念不是一朝一夕形成的，改变起来更非易事。价值导向的转变，是新时代农业绿色发展的根本动力。各级政府和农业农村行政主管部门要带头转变观念。一是过去长期形成的增产导向要转过来。不能再以GDP论英雄，单纯以总产、单产、商品粮调出量等为依据进行评比排序，在推进农户适度规模经营的过程中不能再人为垒大户。二是新的提质导向要尽快建起来。牢固树立质量第一、效益优先的理念，坚持质量就是效益、质量就是竞争力，所有的工作都要围绕提升质量来谋划，鼓励资源节约、环境友好、生态保育、绿色供给。三是考核方式要配套跟上。要加快构建推动农业绿色发展的考核评价体系，把绿色发展、质量安全、带动小农户增收等作为重要考核指标，引导人才、科技、装备等各方面力量聚合到质量兴农上来。

（二）扶持政策的变革

过去我们总结农业发展取得成功的经验，经常讲三句话，政策好、人努力、天帮忙，可见政策对结果产出的巨大影响作用。适应价值导向的变化，政策支持必须相应做出重大调整，引导和适应增产导向转向提质导向的要求，引导和适应农业供给侧结构性改革的要求，引导和适应农业农村现代化建设的要求。过去，我们的政策目标大多是扶持增产，支持领域重点是生产环节，支持方式主要是给钱给物，这对于推动农业增产增收发挥了很大作用；现在，农业发展形势变了，目标要求变了，政策也要随之调整。推动农业绿色发展，要加快制定相应的政策体系，推动科技研发、农业补贴、项目投资等主要投向绿色发展、质量提升、效益提高等方面。

当前最为重要的政策变革，就是要把农业农村优先发展的基本原则落到实处，按照在干部配备上优先考虑、在要素配置上优先满足、在资金投入上优先保障、在公共服务上优先安排的要求，逐项对应落实，转化为促进乡村振兴和农业绿色发展的具体政策。非常可喜地看到，当前财政补贴政策已经做出了相应调整。2018 年农业农村部和财政部联合发布的财政重点强农惠农政策中，包含了支持农业结构调整、支持绿色高效技术推广服务、支持农业资源生态保护和面源污染防治的内容。下一步，还要进一步突出绿色生态导向，加大对退耕还林、退耕还湿和退养还滩、节水灌溉、耕地地力保护、化肥和农药减量、农业废弃物回收、地下水超采和重金属污染地区治理的缺口投入，加大政策引导和扶持力度，促进农业可持续发展。在实际工作中，要尽快对原来各级政府出台的“三农”扶持政策进行一次全面清理排查，凡是不符合绿色发展的都要尽快调整或取消。

（三）生产方式的变革

农业生产方式是价值导向和扶持政策在农业经济活动中的具体体现，和资源利用、农产品质量、乡村环境等方面的关系最为直接密切。当前农业发展中出现的问题，许多都与生产方式的不科学、不恰当有关。在以往工作中，我们有的时候片面强调让市场起决定作用，忽视或者放松了依据自然资源禀赋对生产布局进行调控，由此造成一些产业布局和生态环境容量的严重不匹配，即便现在下决心调控，工作成本和难度也非常大。此外，在种养业生产中，过去普遍存在重产品产出，忽视成本核算，尤其是忽视自然资源成本核算的情况，种地往往是大肥大药，一些缺水地区还在搞大水漫灌，由此造成农业面源污染的迅速蔓延，农业生产成本的快速上升，自然生态环境的严重退化。推动农业绿色发展，要求生产方式做出相应调整，既要考虑当前利益，也要考虑长远利益；既要考虑局部利益，也要考虑整体利益；既要考虑经济利益，也要考虑生态利益。

农业生产者是生产方式变革的主体，既是实践者也是受益者，必须充分调动和发挥农民的积极性。要切实加强生产者的科学素质提升和技能培训，把更多的资金和项目转到“智力支持”上，使广大农民普遍掌握生态农业和可持续发展农业的基本规程，大力推广测土配方施肥、病虫害绿色防控、种养结合、废弃物综合利用等科学技术，使清洁生产、绿色生产成为广大农民的自觉行动。行政主管部门要深化农业领域“放管服”改革，让农民以及新型农业经营主体放开手脚大胆闯、大胆试；加强宏观规划和区域布局引导，加快示范园区建设步伐，打造可看、可学、可借鉴的绿色发展样板。科研推广部门要加快调整科研创新方向与重点，重点研发推广节本增效、优质安全、绿色环保技术，加快突破东北黑土地保护、南方重金属污染治理、秸秆综合利用、华北地区节水、畜禽粪污资源化利用等方面的关键技术。农业生产者也应当将绿色发展理念内化于生产实践，摒弃高投入、高污染的生产方式，主动采取资源节约、环境友好的生产技术，抓住绿色转型的机遇，提升自身的核心竞争力。

（四）消费习惯的变革

消费习惯的形成既有历史原因，也有经济原因，还有文化影响。在过去粮食安全得不到保障，市场供需关系紧张、供不应求的情况下，往往是有什么就消费什么，消费者处于从属地位。但随着经济社会的发展变化，新形势下我国农业主要矛盾已经由总量不足转变为结构性矛盾，主要表现为阶段性的供过于求和供给不足并存，消费者选择对生产方式的影响日益增强。一些专家认为，当前我国城乡居民膳食结构存在问题，人均动物蛋白和脂肪类的摄入总量高、增速快，消费变化一方面拉动了畜禽和水产养殖业迅猛发展，另一方面也间接造成农业生态环境的压力增大。再另一方面，中国已经成为世界第二大有机农业生产国，有机食品消费量继美国、欧盟之后居世界第三位。党的十九大提出实施健康中国战略，未来将会有越来越多的消费者关注营养平衡和膳食健康，关注产品生产方式对生态环境的影响，这将是推动农业绿色发展的一支重要社会力量。

消费习惯的形成和变革是需要引导的，要充分调动和发挥社会各界力量。一是要大力宣传推广平衡营养科学膳食的理念。从当前情况看，许多城市消费者动物蛋白和脂类平均摄入水平较高，肥胖症和心脑血管疾病的发病率明显增多，需要加大科普力度，倡导增加新鲜蔬菜和水果在日常膳食中的比重，培养健康的饮食消费习惯。二是加强对有机农业、绿色农业等生产模式的引导和管理。严格产品的认证标准和过程管理，加大市场监管力度，使消费者放心，稳步扩大生态和环境友好型农产品所占比重。三是发挥消费者的推动作用。通过鼓励支持倡导健康消费的社会团体的发展，更多地发挥社会各界有识之士的力量，发挥他们在科学知识普及、绿色产品体验、市场监督、舆论引导等方面的积极作用，积极培育和扩大新的消费群体，更好地发挥市场对农业绿色发展的推动作用。

三、渐次协同推进农业绿色发展的目标实现

实现农业绿色发展是新时代提出的新任务，是中国特色农业农村现代化建设中的一项开创性事业，是需要长期坚持的系统性工程。在实际工作中，一些地方存在学习不深、把握方向不准等问题，还有的把绿色发展当个筐，什么都往里装，工作重点不突出。因此，有必要对农业绿色发展的相关目标任务进行系统梳理，既要立足于农业部门自身实际抓落实，当好主力军；也要善于调动和发挥社会力量，营造好氛围。初步考虑，提出五个层次的落实思路，希望对各地的实际工作有所帮助。

（一）立足于停止对环境造成新的更大的损害，尽快把当前过高的化肥农药等化学投入品总量和强度减下来

长期以来，随着我国改革开放后综合经济实力和居民购买能力的快速提升，在追求农产品高产量导向的影响下，我国农业生产当中工业和化学投入品的使用大幅增加。突出表现在化肥、农药的使用总量大、强度高。这一方面在有效缓解土壤肥力不足、控制因高密度生产带来的病害增多等方面发挥了重要作用，另一方面也对环境和自然生态系统带来了巨大的压力，一些地方已超出了环境的承载力。这一问题的危害是严重的，而且具有长期性和潜在性。现在我们看到的问题，许多是以往多年积累的结果。当前的不当行为，可能影响今后数年甚至几代人。因此，必须立即采取有效措施，在先进科学技术的指导下，尽快将不必要的化学投入品总量和强度减下来。围绕这个方面，以往的农业科研做了大量工作，“精准农业”“测土配方施肥”等技术实质上也属于这个范畴，其要点是通过开发良种、更优的种植密度、更加有效地使用杀虫剂和化肥，以及更加精确的用水等，帮助农民保持或者提高产量，实现工业投入品在农业中的高效使用。在各地推进农业绿色发展的实践中，当务之急是要落实好化肥、农药使用零增长的目标任务，确保到2020年化肥、农药利用率达到40%，到2030年化肥、农药利用率进一步提升。这方面的工作目标要

清晰，容易量化考核，关键是抓落实，强督导。

（二）立足于减少农业生产对环境造成的压力，尽快把秸秆和畜禽粪便等错配的资源用起来

在政策、科技、投入等多方面因素推动下，现代农业产业规模与传统农业相比有很大的不同。近年来我国人口持续增长，是世界第一人口大国，许多农产品不仅总产量居于世界首位，一些农产品的人均占有量也远超世界平均水平。伴随着产业规模的扩大，适应生产技术轻简化要求带来的技术变革，新出现了一些以往不是问题的问题，许多原来曾经是宝贵生产资料的农业副产品成了污染环境的废弃物。最突出的例子就是秸秆和畜禽粪便，这些原本曾是老一辈农民视为宝贝的东西，现在成为乡村环境污染和治理的重点和难点。每年控制秸秆露天焚烧都是地方政府的一件头痛事，需要投入大量的人力物力财力。传统的和国外的经验都证明，秸秆、畜禽粪便得到有效使用，是变废为宝的神奇之举，不仅可以有效恢复土壤肥力，而且可以大量替代化肥等工业品投入，实现节约资源、降低成本。随着相关技术的成熟，还衍生出了有机农业和生物动力学农业等新产业模式。配合化肥农药零增长行动的实施，秸秆、畜禽粪便等的资源化利用也面临着更加广阔的空间。相关的任务目标是，到 2020 年，秸秆综合利用

率达到85%，养殖废弃物综合利用率达到75%。到2030年，农业废弃物全面实现资源化利用。在各地推进农业绿色发展的实践中，当前的工作重点是进一步完善政策体系，落实好已出台的许多好政策，采用市场化的方式，辅助以行政手段加以引导，使农业废弃物的利用成为一个新兴产业，成为有关市场主体的一种自觉行为。

（三）立足于实现农业生态系统内部的协调完善，遵循自然生态规律重新规划和布局农业生产

借鉴工业化的经验，同时受农村劳动力转移的影响，农业中专业化生产成为一种大趋势。专业化程度提高后，一般情况下效率和效益也是比较好的，但由此带来的新情况是，以往传统小农户每家每户都房前屋后多业经营、综合生产、副产品基本实现内部循环消化的情况已很少见到了。现在的农户基本上都有单一农业副产品的处理问题，而且因为是专业化生产，副产品的量往往还不小，处理难度较大。就大农业来说，其内部的种植业、养殖业、渔业、林业等部门基本上自成体系，以往每个产业都以为社会提供更多的产品为主要任务，主要依靠高投入换取高产出，从区域的、生态的角度考虑问题较少，相互之间的协调统筹也比较少。以养殖业为例，以往在南方水网地区大规模发展，基本没有

考虑到当地土地消纳粪污能力和环境容量，当地的种植业也没有把利用养殖业产生的粪便作为自身需要考虑的一件事情，规模发展到一定程度后，病死猪随意丢弃和粪污排放等问题集中爆发，引起社会的强烈不满。因此，在个体生产专业化发展的同时，需要以更高的视角，在更大的空间和地域范围统筹种植业、养殖业以及其他产业的发展问题，引导畜牧业生产向环境容量大的地区转移，在种植业主产区适度配套发展养殖业，建立推广轮作休耕制度，因地制宜发展稻渔工程，探索区域农业循环利用机制，实施粮经饲统筹、种养加结合、农林牧渔融合循环发展。在各地推进农业绿色发展的实践中，必须注重整体系统设计，立足于从根本上解决和预防问题，而不是在问题发生后再想办法解决。但相应的要求也比较高，需要科技支撑和相关部门的密切配合。农业和环保部门有必要共同做好总体规划，农业内部各产业间要建立议事协调机制，寻求解决影响农业生产和生活环境问题的系统方案。

（四）立足于支持和鼓励环境友好型农业行为，重建农业绿色生产者和消费者之间的市场关系

上述三个方面，主要是在农业产业内部，农业部门和农业生产者是行为主体。但推进农业绿色发展，仅仅依靠农业部门自身

是不够的，需要相应的外部性支持，需要社会各界的广泛参与。近年来随着人们温饱问题的解决和生活水平的提高，人们的消费行为也日益多元化，从注重于吃饱，开始更多地关注吃好、吃得健康。越来越多的消费者愿意为高品质、更安全的农产品支付相对较高的市场价格。同时，随着人们对环境保护问题的日益关注，出现了许多新的社会责任感强的消费群体，他们倾向于支持采用环境友好型农业生产方式生产出来的农产品。从国际上看，一些发达国家和地区还出现了名为“食物本地化”的运动，通过构建专门的市场网络，建立起社区支持当地农业的体系，从而达到缩短食物链、减少碳排放，保护生态环境的目的。在各地推进农业绿色发展的实践中，要紧密结合推进农业供给侧结构性改革，从建立管长远、可持续的支持体系考虑，充分调动生产者和消费者两个方面的积极性，建立起一种全新的关于农产品消费的可持续的文化和经济关系。从当前和长远来看，需要大力实施农业绿色品牌战略，发展绿色、有机和地理标志优质特色农产品，培育具有区域优势特色和国际竞争力的农产品区域公用品牌、企业品牌和产品品牌。

（五）立足于践行绿水青山就是金山银山的理念，重新认识和拓展农业绿色发展在实现乡村振兴和农业农村现代化中的新价值

绿水青山就是金山银山的思想，画龙点睛地指出了农业绿色发展的生命力所在，是指导农业绿色发展的根本性思想。中央反复强调“三农”工作是全党工作的重中之重。但过去一直有一种观念认为，随着经济的发展，农业产值在国民经济中的比重越来越低，农业劳动力所占的比率也越来越少，农业的重要性总体上是走下坡路的，这种认识是不全面和错误的。从农业自身看，党的十八大以来，随着经济发展进入新常态，中央提出推进供给侧结构性改革，对农业发展提出了新要求，农业转型升级也面临着新机遇，在继续履行好保供给、促增收两大职能的同时，农业的生态保护功能日益凸显。通俗地说，就是由原来的“搞粮”“搞钱”，进一步扩展为“搞绿”。伴随着大众创业、万众创新的大潮，在推进乡村振兴战略实施的实践中，农业的社会功能和文化功能将得到更多地开发。利用“旅游+”“生态+”等模式，乡村各类物质与非物质资源富集的独特优势将得到充分发挥，农业、林业与旅游、教育、文化、康养等产业深度融合，在传统农业基础上将发展出许多新产业和新业态。总体上看，通过实现农业的绿色发展和农业农村现代化，农业将成为有奔头的产业，农民将

成为有吸引力的职业，农村将成为安居乐业的美丽家园。在各地推进农业绿色发展的实践中，要立足长远，推进休闲农业和乡村旅游加快发展。同时在消费领域，要从国民教育、新闻宣传、科学普及、思想文化等方面入手，持续开展“光盘行动”，推动形成厉行节约、反对浪费、抵制奢侈、低碳循环等绿色生活方式。

上述五个层次，具有一定的递进关系，但也并不是截然可分的。各地在推进绿色发展的实际工作中，可根据发展阶段和面临主要问题的不同，有重点地加以推进。在前面三个层次的基础上，第四和第五个层次超出了农业本身的范畴，反映出农业绿色发展不仅仅是产业部门的任务，还需要全社会的参与，事关人类文明、进步和发展。因此，推进农业绿色发展，实质是一场变革，是对中国特色农业现代化道路的新探索。它的成功实践，不仅将为建设富强民主文明和谐美丽的社会主义现代化中国做出贡献，同时也将为世界农业，尤其是发展中国家的农业现代化探索出一条新路。

四、本书主要内容

当前，农业绿色发展有习近平新时代中国特色社会主义思想的坚强指引，形成了上下一心的共识，但农业绿色发展不是一朝一夕能够实现的，还有许多课题值得研究，农业绿色发展的内涵并不十分清楚，评价指标也不明确，支持绿色发展的政策体系还不完善。本书的目标就是在理论依据、评价方法、政策完善等方面为更好地推进农业绿色发展提供支撑。除本章外，全书主要内容安排如下。

第二章重点阐述农业绿色发展的概念内涵和外延。农业绿色发展虽然是近几年应对我国农业发展新形势新挑战而提出的新概念，但是很好地传承了我国传统农耕文明中蕴含的物质循环利用、生物间相生相克等朴素生态学思想，并与发达国家提出的循环农业、有机农业、低碳农业等可持续发展概念具有很强的相容性。通过系统梳理相关概念的形成和发展，结合时代特征，本章辨析了农业绿色发展与相关概念之间的关系，并明确界定了农业绿色发展的内涵和边界。农业绿色发展是缓解资源约束、防治环境污染、保护农业生态、实现农业可持续发展的重要途径，是农业发展方式和发展理念的重要变革，其基本特征是资源利用更加节约高效，内在属性是产地环境更加清洁，根本要求是生态系统更加稳定，重要目标是绿色供给能力明显提升。

第三章系统梳理发达国家农业绿色发展政策。20 世纪以来，一些发达国家就开始了与农业绿色发展相关的实践探索，积累了很多经验做法，值得我国吸收借鉴。20 世纪前期至 20 世纪中期，个别发达国家提出了生态农业、有机农业、绿色农业等新型农业发展方式，属于农业绿色发展的启蒙阶段；20世纪中后期至20世纪90年代，为减轻农业生产过程中的生态环境污染，一些发达国家出台了推进农业绿色发展的支持政策，重点体现在农业绿色发展技术研发和应用方面；20世纪90年代至21世纪初，农业绿色发展进入成熟阶段，发达国家对农业绿色发展的重视程度显著提升，发展模式和政策体系不断完善；进入21世纪，可持续发展成为全球关注议题，推进农业绿色发展逐渐成为社会共识，农业绿色发展的范围和内容逐步扩大。从发达国家近一个世纪的发展历程来看，法律手段是推进农业绿色发展的主要抓手，财政补贴是促进农业绿色发展的有效方式，农业技术创新是保证农业绿色发展的先决条件，农业科技人才培养是推进农业绿色发展的内在动力，农业金融支持是促进农业绿色发展的主要推力。结合国外发展经验及国内发展现状，加快推进我国农业绿色发展，需要进一步加强农业绿色发展的法制化建设，加快构建内容明确、注重长效的补贴体系，有效提升农业绿色发展的科技支撑力量，依托产业结构转型促进农民增收致富。

第四章对改革开放以来我国农业绿色发展相关政策进行了全面回顾和梳理。总体而言，从改革开放至今的40年，中国农业绿色发展的政策目标更加明确具体，行动内容和形式不断丰富，实现了从注重量的提升到关注质的提高、从单纯污染防治到强调全面可持续发展的重大转变。其中，有三个标志性事件，一是

1994 年 7 月我国出台的《21 世纪发展议程》中对农业可持续发展进行了界定，从农业生产、粮食安全、农村生态环境保护、资源可持续利用等方面对农业发展提出了全新的目标；二是 2014 年生效的《畜禽规模养殖污染防治条例》，这是我国国家层面农业农村环境保护领域的第一部行政法规，具有重要的里程碑意义；三是 2017 年国家印发了《关于创新体制机制推进农业绿色发展的意见》，这是国家层面的第一个关于农业绿色发展的文件，意义重大。在 20 世纪 90 年代中期以前，我国环境政策体系建设开始起步，农业面源污染问题开始受到重视，但只是提出了大的方向和目标，缺乏具体的、有针对性的政策行动，属于农业绿色发展政策的起步阶段；20 世纪 90 年代中后期，农业农村环境问题开始集中显现，农业面源污染防治、畜禽养殖污染防治、美丽乡村建设等单个领域的行动开始持续推进，属于农业绿色发展问题显现阶段；进入 21 世纪以来，农业环境保护全面铺开、重点推进，明确提出了"一控两减三基本"农业污染治理目标，即控制农业用水总量，减少化肥、农药施用量，实现畜禽粪便、农膜、农作物秸秆基本资源化利用和无害化处理，实现了从单一污染控制向综合利用的发展思路转变，这一时期属于我国农业绿色发展政策完善的加速阶段；近年来，特别是 2014 年以来，我国进入了农业绿色发展战略提升阶段，农业绿色发展被提升到生态文明建设的高度，成为继"保障农产品供给、增加农民收入"后的现代农业发展第三大目标，并被纳入了乡村振兴战略之中，为未来农业农村工作指明了发展方向。

第五章对绿色发展评价方面相关研究进行了综述。20 世纪 60 年代以来，随着绿色发展概念的形成和发展，国内外学者在绿色发展评价方面进行了大量研究，绿色发展的测度理论、应用方法已经较为完善和规范。现有绿色发展评价主要包括以资源环境价值的货币量度量为特征的绿色国民经济核算，以多元指标加权为特征的绿色发展综合指数，以及聚集于能源、城镇化等某一领域的绿色发展状况评价。由于资源环境保护市场缺失、大量监测数据不可得，采用综合指数评估方法已成为世界各国的共识。2017 年底，我国政府首次公布了各省级地区的绿色发展评价结果，对于促进我国绿色发展具有重要意义。当前国内外很多农业绿色发展的评价研究还处于探索阶段，其中国外农业发展评价较为突出经济指标与生态环境指标之间的互动关系，国内现有农业发展评价主要集中在农业现代化、可持续发展、农业生态效益等方面。由于概念理解、评价方法选择差异，不同研究的具体指标选择差别较大，研究结果的可比性也较低。

第六章是中国农业绿色发展评价指数和方法。定量评价是实现科学管理的基础，依据评价指数构建的系统性、科学性和可操作性原则，立足农业绿色发展的概念内涵和外延，结合政府考核目标和数据可得性，本章构建了包含资源节约、环境友好、生态保育和质量高效 4 个一级指标、14 个二级指标的农业绿色综合评价模型。其中，资源节约项包含耕地复种指数、单位农业产值耗水量、耕地数量年均增长率、节水灌溉面积比重 4 个二级指标，强调降低水土资源利用强度，提高资源利用效率；环境友好项包含农药使用强度、化肥使用强度、农业 COD 排放强度、农业氨氮排放强度 4 个二级指标，反映农业面源污染情况；生态保育项包含自然保护区面积比重、湿地面积比重、森林覆盖率 3 个二级指标，体现农业生态保持程度；质量高效项包含单位面积绿色食品标识产品数量、休闲农业产值占农业总产值比重、农村居民人均可支配收入 3 个二级指标，强调农业发展的品牌价值和质量效益。综合比较各种权重确定方法的优劣，并反复征求相关领域权威专家意见后，本研究采用等权重确定方法，并以熵值权重法对研究结果的稳健性进行分析；14 个二级指标的基础数据均来源于现有公开统计资料，并采用极值标准化方法进行各指标数据的标准化处理，以保证该指数体系可以同时满足横向和纵向比较分析的要求。

第七章是全国和各省区农业绿色发展评价结果。评估结果表明，2012 年以来全国农业绿色发展总体水平显著提高，其中农业供给质量效益显著提升，对综合指数的增长贡献率达到了 76%；农业环境污染加重的趋势得到了初步控制，在 2013 年和 2014 年环境友好指标得分下降到最低点后，开始逐渐提高；农业资源节约状况稳步提升，农业生态状况维持基本稳定。当前全国农业绿色发展的突出短板在于质量高效和环境友好两个方面，其中绿色产品品牌建设滞后是质量高效维度得分较低的主要原因，农药化肥施用强度过高是环境友好维度得分较低的主要原因。2016年全国各省级地区间的农业绿色发展水平差异较大，其中浙江的农业绿色发展水平最高，河南最低；上海、四川、青海等3省市相对较高，宁夏、山东、河北、山西、新疆等5省区相对较低，其他省区居中。另外，从方法的有效性来看，本文构建的农业绿色发展指数具有很强的稳健性和实用性，一是采用等权重法和熵值权重法的评估结果总体一致，二是评估结果与官方发布的《2016年生态文明建设年度评价结果公报》评估结果具有显著正相关性。

第八章是各省区市农业绿色发展优劣势及提升方向诊断。根据各省级地区的农业绿色发展指数测算结果，通过对各省级地区4个一级指标、14个二级指标的内部绝对值比较和地区之间的横向相对值比较，本章逐一分析了2016年31个省级地区农业绿色发展的突出优势和存在的主要不足，并针对各自短板，提出了相关建议。总体上，当前各地区的农业绿色发展水平均存在较大的提升空间，其中北京、山东等14个地区的突出短板在环境友好方面，黑龙江、甘肃、贵州等16个地方的突出短板在质量效益方面，重庆在资源、环境、质量等方面均存在很大提升空间。

具体来看，浙江在保持农业质量高效优势的同时，重点是降低化肥农药施用强度；上海在降低化肥农药施用强度的同时，还需降低水资源消耗强度；四川需重点加强农业品牌建设，加快提高农民收入水平；青海在保护好农业生态环境的同时，需加快提升农业供给质量效益；北京在保持农业供给质量效益优势的同时，应加强农业环境治理；天津需聚焦农业面缘污染防治，加快改善农业生产环境；辽宁要重点加强农业污染治理，并逐步提升农业供给质量效益；福建亟须降低化肥农药施用强度，并加强自然保护区建设；江苏应协同推进农业环境治理和耕地资源保护；重庆应制止耕地面积下降趋势，并加强湿地保护力度；黑龙江需着力打造农业品牌，提高农业质量效益；西藏在加强农业品牌建设的同行，亟须尽快提升水资源利用效益；安徽需加快降低农药化肥施用强度，并逐步加强自然保护区建设；江西应着力提升资源节约水平，并加强品牌建设；湖北需加快解决化肥农药污染问题，全面提升农业供给质量效益；云南应充分发挥环境优势，加强品牌建设和休闲农业；吉林要更好发挥生态优势，提升农业质量效益；内蒙古需在增强农业质量效益的同时，逐步降低农业 COD 排放强度；甘肃应全方位提高农业质量效益，并降低农药施用强度；湖南重点是降低耕地利用强度，并协同推进农业污染治理；广东要降低化肥农药施用强度，尽快补上农业环境短板；贵州应发挥环境优势，重点加强品牌建设；陕西需全面增强农业供给质量效益，并加强生态保护；广西应全面推进资源节约和品牌打造；海南在保持生态优势的同时，亟须降低化肥农药施用强度；河北需重点加强农业环境治理，提高农业质量效益；山东应全面提升农业环境质量，并加快发展休闲农业；新疆要重点降低水耗，全面提高农业质量效益；山西要保持资源节约优势，强化生态保育和质量效益；宁夏需加快减排增效，实现全面提升；河南在全面推进农业环境污染治理的同时，亟须快提高农业质量效益。

第二章

农业绿色发展的内涵和外延

本章执笔人：王莉、张灿强、金书秦、胡钰、张斌。

一、农业绿色发展有关概念的形成与发展

农业绿色发展是缓解资源约束、防治环境污染、保护农业生态，实现农业可持续发展的重要途径。中国有着悠久的农耕文明，传统农业蕴含着物质循环利用、生物间相生相克的朴素生态学思想。随着工业化进程的深入推进，中国传统农业体系逐步瓦解。20 世纪 70 年代以来，伴随农业环境问题的显现，生态农业的理念和探索在中国逐步形成与发展，在示范过程中表现出了良好的生态、经济和社会效益。

随着可持续发展理念的不断深入，农业绿色发展领域的新概念不断涌现，如循环农业、有机农业、低碳农业、两型农业等。从宏观层面看，这些概念都属于农业绿色发展的范畴，但不同概念各有侧重面和特征。

循环农业源于循环经济理念，可追溯到环境保护兴起的 20 世纪 60 年代。循环经济这一术语在中国出现于 20 世纪 90 年代中期。2003 年循环经济纳入科学发展观，成为党的执政理念。

2005年十六届五中全会明确提出大力发展循环经济。2008年《循环经济促进法》顺利通过，为循环经济发展奠定了法律基础。2012年国家《“十二五”循环经济发展规划》出台，循环农业体系构建作为循环经济发展的重要内容，提出在农业领域推动资源利用节约化、生产过程清洁化、产业链接循环化、废物处理资源化，形成农林牧渔多业共生的循环型农业生产方式，改善农村生态环境，提高农业综合效益。

有机农业的实践最早在欧洲兴起，20世纪30~40年代在瑞士、英国、日本等国得到发展。中国的有机农业和有机食品发展始于20世纪80年代末，目前中国有机食品的生产总量及市场份额不足0.1%，远低于发达国家2%的平均水平，产品主要以出口为主，主要集中在欧美、日本市场。

低碳农业是低碳经济的重要组成部分，“低碳经济”最早见诸政府文件是在2003年的英国能源白皮书《我们能源的未来：创建低碳经济》。农业既是气候变化的重要贡献因子，也是受气候变化影响最为敏感的领域之一。中国农业活动温室气体排放量约占全国温室气体排放总量的11%，农业受极端天气等气候变化的影响也越来越大。发展低碳农业就要将农业生产发展从依靠化石能源向太阳能转变，追求低耗、低排、低污和碳汇。

2007年，党的十七大提出坚持生产发展、生活富裕、生态良好的文明发展道路，建设资源节约型、环境友好型社会。十七届三中全会进一步提出到2020年基本形成资源节约型、环境友好型农业生产体系。“两型农业”，即资源节约型、环境友好型农业，成为现代农业建设的重要内容。

生态友好型农业是更为宽泛的概念，可以认为是遵循生态系统原理和生态经济规律，运用传统农业技术精华和现代农业科技，注重农业资源集约使用、环境污染有效控制和农业生态系统保护，实现生态、经济和社会效益统一的良性循环农业生产体系。在实践过程中需要将生态友好型农业的发展理念转化为具体模式，并将相关技术组装集成应用，建立适应本地区的发展模式。

表 2-1　生态友好型农业概念体系与内涵特征

农业模式	内涵	特征
生态农业	基于生态学和系统工程的基本原理，运用农业生态工程和农业生态技术，按照“整体、协调、循环、再生”的要求，对农业生产的过程进行系统优化，实现农业经济效益、生态效益和社会效益的统一	（1）以生物组分为核心的生物—社会—经济复合系统 （2）强调农业、林业、畜牧等不同产业的耦合 （3）强调系统生产力提高 （4）可在不同尺度上实现
循环农业	把循环经济的“减量化、再使用、再循环”的理念应用于农业生产，在农业生产过程和产品生命周期中延伸产业链条，减少资源、物质的投入量和减少废物的产生排放量，达到生态和经济的良性循环	（1）借鉴工业生产方式，强调产业化经营，延伸产业链条，通过废物利用、要素耦合和产业连接等方式形成协同发展的产业网络 （2）强调利用高新技术优化农业系统结构，提高农业投入与产出的效益与效率 （3）提倡资源的多级循环利用，减少外部投入

续表

农业模式	内涵	特征
有机农业	遵照一定的生产标准，在生产中不采用基因工程获得的生物及其产物，不使用化学合成的农药、化肥、生长调节剂、饲料添加剂等物质，遵循自然规律和生态学原理，采用一系列可持续发展的农业技术维持持续稳定的农业生产体系的一种农业生产方式	（1）不使用农业化学投入品 （2）对水、土、空气等自然要素和环境质量要求较高 （3）病虫害绿色防控 （4）有机肥料投入 （5）有严格的生产和认证标准
低碳农业	以“低能耗、低物耗、低排放和低污染”为特征，以提高碳汇能力和减弱碳源能力为突破口，在整个农业生产过程和农产品生命周期内进行低碳化设计的农业形态	（1）减少农业对化石能源的消耗，降低碳排放 （2）通过耕地土壤有机碳提升等技术和措施，增强农业的碳吸收能力

二、农业绿色发展的内涵

农业绿色发展之要义，是要基本形成与资源环境承载力相匹配、与生产生活生态相协调的农业发展格局，努力实现耕地数量不减少、耕地质量不降低、地下水不超采，化肥、农药使用量零增长，秸秆、畜禽粪污、农膜全利用，实现农业可持续发展、农民生活更加富裕、乡村更加美丽宜居。

农业绿色发展的基本特征是资源利用更加节约高效。长期以来，我国农业高投入、高消耗，资源透支、过度开发。推进农业绿色发展，就是要依靠科技创新和劳动者素质提升，提高土地产出率、资源利用率、劳动生产率，实现农业节本增效、节约增收。

农业绿色发展的内在属性是产地环境更加清洁。农业和环境最相融，稻田是人工湿地，菜园是人工绿地，果园是人工园地，都是“生态之肺”。近年来，农业快速发展的同时，生态环境也亮起了“红灯”。推进农业绿色发展，就是要大力推广绿色生产技术，加快农业环境突出问题治理，重显农业绿色的本色。

农业绿色发展的根本要求是生态系统更加稳定。山水林田湖是一个生命共同体。长期以来，我国农业生产方式粗放，农业生态系统结构失衡、功能退化。推进农业绿色发展，就是要加快推进生态农业建设，培育可持续、可循环的发展模式，将农业建设成为美丽中国的生态支撑。

农业绿色发展的重要目标是绿色供给能力明显提升。习近平总书记强调，推进农业供给侧结构性改革，要把增加绿色优质农产品供给放在突出位置。当前，农产品供给大路货多，优质的、品牌的还不多，与城乡居民消费结构快速升级的要求不相适应。推进农业绿色发展，就是要增加优质、安全、特色农产品供给，促进农产品供给由主要满足“量”的需求向更加注重“质”的需求转变。

三、农业绿色发展的外延

农业绿色发展既是理念又是举措，是尊重自然规律、顺应自然规律的发展。绿色是农业的本色，绿色发展是农业供给侧结构性改革的基本要求，也是实现农业发展与水土资源及其环境之间协调发展的有效措施。当代人有义务考虑并满足后代人的需求，按照绿色发展理念的要求，形成绿色生产方式，加大水土资源节约和环境保护，形成节约资源和保护生态的产业结构、生产方式和生活方式。

（一）绿色生产方式

面对人与自然的突出矛盾和资源环境的瓶颈制约，只有大幅提高经济绿色化程度，推动形成绿色生产方式，才能走出一条经济增长与碧水蓝天相伴的康庄大道。推动形成绿色生产方式，就是努力构建科技含量高、资源消耗低、环境污染少的产业结构，加快发展绿色产业，形成经济社会发展新的增长点。绿色产业包括环保产业、清洁生产产业、绿色服务业等，致力于提供少污染甚至无污染、有益于人类健康的清洁产品和服务。发展绿色产业，要求尽量避免使用有害原料，减少生产过程中的材料和能源浪费，提高资源利用率，减少废弃物排放量，加强废弃物处理，促进从产品设计、生产开发到产品包装、产品分销的整个产业链绿色化，以实现生态系统和经济系统良性循环，实现经济效益、生态效益、社会效益有机统一。

（二）水土资源保护

首先，以“三条红线”为原则，提高对农业生产的水资源保障。为此，要以提高灌溉用水效率为着力点，明确节水的重点区域，并注重不同区域的技术开发与集成；同时，要以区域水环境保护为核心，调整产业结构，切实为粮食生产提供清洁灌溉水资源，从而实现粮食生产的数量与质量“双安全”。其次，加强农村污水处理、污水再生利用模式及技术的研究，减少水污染。采用污水再生利用技术，使得处理后的污水满足水质标准的要求，在技术标准规范的指导下，对各种先进、经济、适用的技术进行综合与集成，采用适宜的技术路线和工艺方案，以实现污水资源化利用的目标。要尽快研究建立各类用途再生水的水质标准体系，逐步制定和完善相关技术规范和配套政策，确保健康有序地推进城市污水再生利用工作。第三，以土地生产率为准则，确保18亿亩耕地红线，以提高土地生产率为目标，改善耕地质量。农业可持续发展需要优质的耕地来保障。为此，需要大力推进高标准基本农田建设，改善耕地质量，提高土地生产率。第四，以提高农产品质量为目标，加强受污染土壤的生态修复。可以采取有效措施，加大受污染土壤的修复力度。例如，通过创新水质监测技术，减少污水灌溉造成的土壤污染；通过创新测土配方施肥技术，提高化肥有效利用率，减少化肥施用对土壤造成的污染；创新土壤污染治理技术，将植物修复技术、生物修复技术、物理修复技术以及化学修复技术进行集成，根据土壤污染的类型及程度，选择合适的集成技术；针对目前中国耕地重金属污染问题，应采取综合有效的技术措施，加大恢复治理的力度。

（三）农业农村环境污染治理

按照以人为本、防治结合、标本兼治、综合施策的原则，全面推进农业面源污染防治。首先，防治农田污染，科学合理使用农业投入品，提高使用效率，减少农业内源性污染。普及和深化测土配方施肥，改进施肥方式，鼓励使用有机肥、生物肥料和绿肥种植，到 2020 年化肥施用量实现零增长。推广高效、低毒、低残留农药、生物农药和先进施药机械，推进病虫害统防统治和绿色防控，到 2020 年农药施用量实现零增长。综合治理地膜污染，推广加厚地膜，加快机械化捡拾示范推广，开展废旧地膜机械化捡拾示范推广和废旧地膜回收利用，加快可降解地膜研发，到 2020 年农业主产区农膜和农药包装废弃物实现基本回收利用。

开展农产品产地环境监测与风险评估，建立健全全国农业生态环境监测体系。第二，综合治理养殖污染。支持规模化畜禽养殖场（小区）开展标准化改造和建设，提高畜禽粪污收集和处理水平，控制畜禽养殖氨排放。到2020年和2030年养殖废弃物综合利用率分别达到75%和90%以上，规模化养殖场畜禽粪污基本资源化利用，实现生态消纳或达标排放。在饮用水水源保护区、风景名胜区等区域划定畜禽禁养区、限养区。建设病死动物无害化处理设施，严格规范兽药、饲料添加剂生产和使用，健全兽药质量安全监管体系。严格控制近海、江河、湖泊、水库等大中型水域的养殖容量和养殖密度，开展水产养殖池塘标准化改造和生态修复，推广高效安全复合饲料，逐步减少使用冰鲜杂鱼饵料。第三，改善农村环境。科学编制村庄整治规划，加快农村环境综合整治，保护饮用水水源，加强生活污水、垃圾处理。推进规模化畜禽养殖区和居民生活区的科学分离。禁止秸秆露天焚烧，推进秸秆全量化利用，到2020年农业主产区农作物秸秆得到基本利用。开展美丽乡村创建，保护和修复自然景观和田园景观，开展农户及院落风貌整治和村庄绿化美化，整乡整村推进农村河道综合治理。注重农耕文化、民俗风情的挖掘展示和传承保护，推进休闲农业持续健康规范有序发展。

（四）规范农业生产环节

首先，规范农业生产资料的生产行为。依据绿色发展理念，严格要求化肥生产企业根据测土配方施肥工程所提供的土壤肥力信息，生产满足区域需要的肥料；加大生物农药生产技术的推广力度，从源头上杜绝剧毒农药的生产，以减少对农产品及其生产环境的污染；大力推广可降解薄膜生产技术，降低其生产成本，以减少白色污染；在饲料生产方面，杜绝铜、锌、砷等重金属元素的添加，以减少随养殖废弃物进入土壤或水体对其造成重金属污染。其次，规范农业生产主体的行为。以绿色发展理念为指导，政府应发挥好引导、服务功能，加快制定严格的农产品质量标准体系，使产前、产中、产后的质量监督、管理都能与国际接轨；完善农业社会化服务体系，提高农业生产化解自然和市场风险的能力；强化农产品质量安全检测监督，建立一支专业技术人才队伍，发挥其在农产品质量检测中的作用；企业、农民作为农业生产的直接主体，应按照农业生产技术规范进行生产，以确保农产品质量安全。

第三章

发达国家农业绿色发展的政策演进及其启示

本章执笔人：冯丹萌、王欧。

绿色发展是人类面对当今全球资源、能源和环境挑战所作出的发展方式和发展道路的重大探索，随着经济的发展、社会的进步，绿色发展理念越来越受到人们的重视。党的十九大作出了实施乡村振兴战略的重大决策，乡村是生态环境的主体区域，生态是乡村最大的发展优势。推进农业绿色发展，是农业高质量发展的应有之义，也是乡村振兴的客观需要。

中国作为全球经济体发展中的一个大国，在推进农业绿色发展完善相关农业政策制定方面亟须吸取其他发达国家的经验和教训，提升政策执行的效果；同时，我国农业农村经济发展与世界各国的联系愈发紧密，发达国家农业政策的调整对我国农业发展产生越来越显著的影响。

一、发达国家农业绿色发展的历史演变

发达国家推行农业绿色发展理念经历了较为漫长的发展过

程，从美国、欧盟、英国、日本和韩国等主要发达国家来看，可以将农业绿色发展的进程分为启蒙阶段、加速发展、成熟发展和突破发展四个阶段。

（一）农业绿色发展的启蒙阶段（20 世纪前期至 20 世纪中期）

生态农业、有机农业、绿色农业的发展是农业绿色发展的早期体现形式，也是发达国家最先开始推行农业绿色发展的重要内容。生态农业最早于 1924 年在欧洲兴起，随后 20 世纪 30~40 年代在瑞士、英国、日本等发达国家得到发展。英国农学家 A．霍华德在 30 年代初提出有机农业概念，在英国得到了广泛发展，并形成相关的协会和社团组织，大大推进了绿色农业的发展。美国早在 1930 年前相继颁布了《莫里尔法案》《哈奇法案》和《史密斯—利弗法》，对农业科技人才培养提出相关规定，为农业绿色发展科技发展奠定基础。随后，罗代尔开始对有机农业进行实践探索，并在 1942 年到 1974 年期间创办了有机农场，为美国有机农业发展奠定坚实基础。1938 年美国颁布《农业调整法案》，实施土壤保护计划以控制生产，同时进一步促进农业科技研发，对农业绿色发展的重视程度逐渐显现出来。

在此阶段，各个国家和政府主要强调利用新的科技手段对传统农业进行创新改良，形成自然循环的科学模式。但是，由于当时农业在各个发达国家仍然处于较为滞后状态，农业绿色发展实施难度大，科技水平欠缺，发展缓慢，虽然农业绿色发展理念在部分发达国家已经提出，但是成效还未完全显现出来。

（二）农业绿色发展的加速时期（20 世纪中后期至 20 世纪 90 年代）

20 世纪中后期，随着发达国家的工业高速发展，经济水平突飞猛进，发达国家农业现代化水平不断提高，农业科学技术明显进步，但同时带来的环境污染问题也日益严重，工业产生的污染对生态平衡和人类生活健康造成不可忽视的影响，发达国家对生态绿色发展的重视程度急剧上升。

为了缓解环境污染问题带来的不良影响，发达国家在此阶段采取了大规模、高强度的农业绿色发展措施，在生产结构、政策制定、法律完善等方面不断完善，农业绿色发展得到有力推进，在整个历史发展过程中处于快速发展时期。

各国政府出台了一系列支撑政策推进农业绿色发展，减轻农业生产过程中对生态环境的污染。发达国家主要对农业生产结构进行优化改革、对农业技术进行更新，并为农业绿色发展的推动实施提供大量的政策支撑。美国于 20 世纪中叶完成了农业现代化，并形成独具特色的农业发展体系，强有力的发展基础为实施农业绿色发展提供了较好条件，1950 年到 1990 年之间美国政府相继出台了《农产品贸易发展和援助法》《粮食安全法》《食品、农业、水土保持和贸易法》，在内容中提出“土地休耕计划”“通过土壤保护计划、沼泽地保护计划、农夫条款、遵从条款等保护土地”“乡村发展计划”等一系列举措，旨在对农业绿色发展进行保护和推动。欧盟在 20 世纪 60 年代制定欧盟共同农业政策，核心是优化农业环境，提升农业基础设施水平。欧共体于 1988 年规定，为控制生产和保护环境，实行 20% 的农地不耕作，对恢复自然植被的农户损失进行直接补偿，农户有义务按一定比例将低产农地转为生态用地。1972 年法国成立了国际绿色农业运动联盟。英国在 1975 年国际生物农业会议上，明确提出绿色农业的发展优势，提升了绿色农业在英国的传播程度和接受程度。日本于 20 世纪 70 年代提出减少农业污染提高农产品质量的议题。由此可见，此阶段绿色农业发展在发达国家的重视程度不断提高。

经过这一段时间的努力，农业绿色发展在发达国家取得了显著成效，农业绿色发展技术大幅度提升，农业生产结构进一步优化，农业发展带来的环境污染问题得到抑制和缓解。同时，农业绿色发展在农户中的普及程度开始逐渐提高，农业绿色发展的技术应用开始逐渐推广起来。在这一阶段，农业绿色发展在发达国家得到较快的发展，绿色发展理念在发达国家农业发展中的融入度不断提高，农业发展理念和结构得到调整和优化。

（三）农业绿色发展的成熟阶段（20 世纪 90 年代至 21 世纪初）

随着发达国家对农业绿色发展程度的不断重视，相关政策落实成效的不断显现，农业绿色发展进入了稳定成熟阶段。在此期间，为了进一步推进农业的可持续发展，发达国家在农业技术层面、财政层面仍投入较大，形成农业绿色发展的持续动力。同时，发达国家不断增强与不同国家的合作和交流，通过发展农业绿色相关项目，进一步提升大众对农业绿色发展的接受度和应用程度，并取得了较好的成效。

随着政府对农业绿色发展的不断支持和推进，农业绿色发展技术体系不断完善，并被广泛地应用在发达国家之中。美国在这个时期初步建立教育、科研和推广相融合的农业绿色发展模式。1997—2002 年美国农业部任务报告中明确提出保护农业绿色发展，促进对自然资源的明智管理。1991 年在原来《有机食品生产法》的基础上，制定了《有机食品证书管理法》。1996 年，美国政府修改《农业法案》，增加了资源保护等方面的管理办法。2002 年，美国出台《2002 年农场安全与农村投资法案》，通过实施生态保护补贴计划对农业绿色发展进行支持。

在欧洲，共同农业政策的形成对欧洲农业绿色发展具有较大推动作用。1962 年随着共同农业政策的制定，建立以价格支持为核心的农业补贴运行机制。1985 年《共同农业政策展望》中提出“建立耕地休闲制度”，并对实施耕地休闲的农户予以补贴。1992 年的麦克萨里改革中提出“制定调整农村产业结构和关注环境保护政策”，对农业绿色发展提出明确的要求和保护政策。2000 年《欧盟 2000 年议程》中提出“把环境保护和动物福利纳入农业政策补贴体系”，进一步提升环境问题在农业发展中的核心位置。

奥地利在 1995 年实施了支持绿色农业发展特别项目，国家提供专门资金，鼓励和帮助农场向绿色型转型，法国在 1997 年制定并实施了绿色农业发展中期计划，日本的农林水产省推出了环保型农业发展计划，2000 年 4 月推出了绿色农业标准。

在此阶段，农业绿色发展在发达国家已步入成熟阶段，发展模式和体系也较为完善。各个发达国家在此基础上继续不断调整农业绿色发展标准和长期目标，完善发展体系。同时，注重农业绿色发展在农户中的应用和普及程度，联结社会力量，对农业绿色发展相关组织和项目进行直接或间接的扶持，提升农业绿色发展的多元渠道，与市场联结更为紧密，经济效益也逐渐增强。

（四）农业绿色发展的突破阶段（21 世纪初至今）

在此阶段，随着全球生态的不断恶化，农业可持续发展被世界各国普遍关注，可持续发展成为全球关注的主要议题之一，为农业绿色发展再一次突破提供良好机遇。

发达国家在这个时期把农业绿色发展的范围和内容逐步扩大，以农村发展和农业的可持续发展为重点，并制定了一系列的政策和方案予以支撑。

欧盟理事会于 2003 年 6 月通过了一揽子改革方案。并逐步调整了补贴大农场标准，2005 年减少 3%，2006 年减少 4%，2007 年以后每年减少 5%，减少的费用将全部用在农村发展计划中。2009 年 1 月欧盟委员会发布 72/2009 号法令，进一步深化共同农业政策改革，其重点内容是欧盟对农村发展注入更多资金，改善环境、提高产品质量及动物福利标准。2010 年欧盟在《走向 2020 共同农业政策：应对未来粮食、自然资源和区域挑战》公报中提出“保证粮食生产、注重自然资源的可持续性管理和农村地区的发展平衡”，把自然资源环境作为发展方向的重要内容之一，突出农业绿色发展的重要性。

进入 21 世纪以后，美国农业政策开始逐渐进行调整，对农业绿色发展的重视程度不断提升。2008 年颁布《食物、保护与能源法案》，增强对有机农业的补贴；2010 年美国政府颁布《健康、无饥饿儿童行动》法令，提出有机贸易协会将提供 10 亿美元的资金用于进行有机食品的试验计划，用于学校食品计划中有机食品的提供。2011 年 1 月，美国总统奥巴马签署《FDA 食品安全现代化法案》（FSMA）。

由此可见，从发达国家发展整体进程来看，农业绿色发展并不是一蹴而就的，而是经历了缓慢而曲折的摸索和创新阶段。在20世纪初，发达国家对于农业绿色发展的举措相对较少，认识也相对较为模糊，主要通过价格支撑体系提升农业生产力，但是对于农业生产以及销售中的生态环境污染情况重视程度不够。随着工业化带来的环境污染日益严重，发达国家逐渐注重农业绿色发展的推进，通过采取政策制定、法律颁布以及财政补贴等方式，对农业生产方式进行转型升级，提升绿色发展理念在农业发展中的融入度。同时，关注对象也从农户转移到农村的整体发展，通过制定严格标准对农村土地、河流、耕地等方面进行保护。在发达国家农业绿色发展的推动过程中，尤其在成熟阶段和突破阶段，发达国家较注重对农民的普及、培训、宣传、应用程度，不断提升对农业绿色相关的项目和合作组织的支持力度，联结政府、社会和农户之间的关系，加快农户对于农业生产方式理念和运用方式的转变，提升农业绿色发展的落地效率。

二、发达国家农业绿色发展的举措及政策支撑体系

发达国家根据不同时期的发展特征和规律，实施了大量的举

措促进农业绿色发展，同时也制定了一系列的政策进一步推动农业绿色发展在本国的应用，形成适应于本地特色的政策体系。

（一）法律手段是推进农业绿色发展的主要抓手

发达国家尽可能地运用法律手段对农业绿色发展的相关内容进行强制性管理，保障农业绿色发展在某些原则性内容上的落实程度；同时，政府在发展过程中对于农业绿色发展的相关规定不断更新、突破，根据本国农业发展的现状不断调整，逐步提升绿色发展理念在农业发展中的位置和重要程度；此外，政府在制定政策方面，尽可能地细化标准和内容，对于各个领域的生产标准和界限都予以明确规定，提升各地区实行的精准度。

美国在推进农业绿色发展时颁布了大量的法律规定给予支撑。1990 年美国政府制定了《有机食品生产法》，成立了国家“有机标准委员会”。1991 年制定《有机食品证书管理法》。2000 年 12 月，美国联邦农业部制定了美国有机农业条例。2002 年，美国出台《2002 年农场安全与农村投资法案》。2010 年美国政府颁布《健康、无饥饿儿童行动》法令，提出有机贸易协会将提供 10 亿美元的资金用于进行有机食品的试验计划，用于学校食品计划中有机食品的提供。2011 年 1 月，美国总统奥巴马签署《FDA 食品安全现代化法案》。

欧盟各国在发展生态农业时，都运用行政和法律等手段加强对生态农业的领导、管理，通过制定支持生态农业建设的政策、法规，为生态农业的良性发展提供了有利的外部环境与内部环境。瑞典政府在 1969 年制定了环境保护法规，对生态环境保护的重视程度进一步提升。20 世纪 80 年代，又相继出台了 15 个单项法规，1999 年颁布了一部完整的《农业保护法》，对农药、化肥、水等自然资源的使用通过法律手段进行保障，并在法律中特别强调了政府的监督作用。德国在 2003 年根据欧盟的《欧共体生态农业条例》制定了本国的《生态农业法》，对农业的产前、产中、产后都有相应的标准规范，内容涉及水、土壤、大气、生态系统等各个方面。

（二）财政补贴是促进农业绿色发展的有效方式

农业本身是一个具有较高自然风险和市场风险的产业，农业的绿色发展要兼顾生态环境的承载力和保护程度，难度更为增加，因此在发展过程中财政的支撑显得弥足轻重。在财政支撑方面，发达国家普遍对于农业绿色发展的补贴力度较大，尤其在快速发展阶段，补贴额度快速增长。

发达国家较为注重对农业绿色相关项目的实施和农民合作组织的补贴，有助于推进农业绿色内生发展，提升农业的可持续发展能力。在发达国家推进农业绿色发展过程中，普遍采取财政补贴的方式对农户进行直接支持。1987 年 OECD 提出的《国家政策与农业贸易》报告第一次提出了以生产者补贴等值及其相关指标为基础的农业政策评价体系，并且应用该评价体系对 OECD 各成员国的农业政策进行评价。

美国在推进绿色农业发展过程中采取多种财政政策予以支持。首先对产品市场变化进行调整，1993 年制定《农场和消费者保护法》，用“差额补贴”等方式增加生产者对市场的依赖性，推进商品向世界市场自由流动；其次在发展过程中不断调整，进一步完善农业绿色发展的财政支撑内容和方向。在 2002 年的《农业安全和农村投资法》中，采用直接补贴、反周期补贴、营销支援贷款、贷款差额补贴等方式进行财政支撑；2008 年制定《食物、保护与能源法案》在《农业安全和农村投资法》的补贴基础上，继续扩大补贴范围、进行资格调整，同时增加对有机农业等绿色发展的补贴内容。2002—2011 年，美国各级政府对农业补贴的金额达到 1900 亿美元，并且美国政府在绿色农业产业链中的销售等环节，提供了大量的免费支持服务，直接与农户团体接触，节省很多中间环节消耗，提升农业绿色发展经济效益。另外通过采用直销方式，加快了农产品的流通速度，大大提升农业绿色发展的落地和实施速度。2008 年美国颁布《食物、保护与能源法案》，对补贴范围进行调整，增加对农业绿色发展的补贴力度[①]。

欧盟共同农业财政政策是欧盟共同农业政策的核心。共同农业财政政策在提高农业劳动生产率、保证食物供应、稳定市场，以及确保农民生活水平等方面做出了巨大贡献，对欧盟各国乃至整个世界的农业生产和农产品贸易产生显著影响。1992年共同农业在之前基础上进行改革，采取收入直接补贴的方式，实施了农田休耕计划、农业产业结构调整、农业环境保护等一系列措施。2003年6月共同农业政策再次进行改革，核心内容从直接补贴向“单一支付补贴”转化，提升对农业可持续发展的重视程度，逐渐向农业绿色发展方向贴近。2008年5月欧盟委员会通过新一轮的《欧盟共同政策改革草案》，推动农业补贴与产量脱钩，提升对落后农村地区的财政支撑。目前欧盟的共同政策已经成功从实行市场价格支持转化为促进农业可持续发展。

法国是欧洲第一农业生产大国，为进一步鼓励农业绿色发展，法国政府于2008年再次颁布了“生态农业2012年规划”，旨在提高生态农业产量，同时将生态农业面积扩大3倍，力争达到占可耕地面积的6%。其中包括五方面内容：一是设立专项基金，用于支持生态农业结构调整，形成产品生产、收购、加工、销售的渠道；二是对从非生态农业向生态农业转变的农户提供免

① 美国农业部经济研究局（compiled by economic research service，USDA）。

税等优惠待遇；三是加强对生产部门的技术支持和对相关人员的知识培训；四是在制定农业法规时，充分考虑生态农业的特性和要求，从政策层面上放宽限制；五是在生态农产品消费方面，政府加强引导。法国用于农业环境的资金到2001年已高达3.7亿欧元。

瑞士支持将生态保护的费用支付问题综合纳入全面的税收改革计划，包括激励性税收应该与财政和公共开支的规定相一致、重要的环境目标应该被这些税收措施所支持、各类新旧补贴都不得与生态系统保护目标相冲突等政策。

日本政府对农业的补贴涉及面很广，二战后相继颁布了《农业改良资金助成法》和《山村振兴法》，修订了《粮食管理法》《农业协同组合法》等法律。在农业合作组织支持方面，日本政府对于农业合作组织的成立和运营环节给予补助，同时在合作组织运营中出现困难时政府则通过财政或金融措施给予帮助。日本同时颁布了一系列的法律来贯彻实施生态环境保护政策，如《持续农业法实务》《农业农村基本法》等，1999年7月12日颁布的《食物、农业、农村基本法》，提出创新的政策法规，旨在实现农业可持续发展，发挥农业与农村的多种功能。同时，政府还为农户提供灾害防治，资源改良等技术信息，在提供财政补贴之余，还提供无息贷款来支撑农业绿色产业的发展。日本农业基本法规定了政府必须对农业予以财政补助的政策，通过财政转移支付的方式，对地方绿色农业的发展提供支撑。同时日本政府筹建了政策性金融机构，对绿色农业产业中的企业提供长达20~30年的长期信贷资金，并收取较低额度的利息，政府财政并给予一定的补贴。同时，日本等国家在发展过程中投入大量的资金进行农业绿色发展的技术升级和对农民的应用培训。

韩国政府自20世纪90年代初期就开始大力推进农业绿色发展，从20世纪90年代末以来加大力度来完善政策体系，制定和实施一系列农业绿色发展的相关计划，取得显著成效。1999年韩国政府开始引进并实施亲环境农业直接补贴制度，对获得亲环境农产品认证证书的农民，直接支付补助金。同时韩国政府从2004年开始对参与亲环境畜产发展计划的农民补偿因参与而导致的收入减少情况。

（三）农业技术政策是保证农业绿色发展技术落地的先决条件

农业技术是农业绿色发展的基础和条件，是农业绿色发展实施效果的决定性因素。因此在发达国家推进农业绿色发展过程中，农业技术政策的推进是重中之重。与工业相比，农业在开发和应用先进技术上有较大困难，各个发达国家在推行农业技术政策过程中都形成一定的体系。

对于美国而言，农业法中规定的农业研究目标是制定农业科技政策的根据。依照 1990 年农业法，美国农业部农业研究局（ARS）会同美国农业部的其他部门合作制定了六年项目执行计划（1992—1998 年），即每隔两年左右，农业研究局必须调整或重新制定战略计划，并将上次计划中尚未完成的项目纳入新的计划中，保证项目的持续性。ARS 将根据新的农业法所规定的上述目标制定其新的六年项目执行计划，并修订其相关科技政策以确保各个新的研究项目为其目的服务。

日本对于农业技术政策的推行也经历了较为艰辛的过程，由于日本小规模土地所有者占主要地位，农民在开发和利用先进科学技术上困难更多。因此政府从多方面进行综合性支持。首先，日本各级政府都设有完善的农业科研和试验机构，而且相互协作和配合，形成全国性的科研试验网。据统计，日本共有各类农业科研机构 752 所，科研人员 37119 人，其中农林水产省直接管理的农业、食品和植物科研机构 6 个，农业试验场、农场和种畜场 42 个，肥料、饲料、农药和畜用药等检验分析机构 15 个，动植物检疫机构 6 个。1960 年以来，日本农业科研经费不断增加，1976 年达 1518 亿日元，约占政府科研经费总额的 30%。其次，日本政府建立完善的推广制度推进农业技术成果在各地得到广泛应用和推广，研究成果需在各地方的农业试验场进行试验，确定其推广价值，再将其提交给当地农政局和基层农业试验场进行论证认可。加上基层农业合作组织的农业指导员和在市町村政府的农业技术员，共同形成完整的技术指导和推广力量。

韩国在推进农业绿色发展过程中，也逐步通过政策的制定和体系的完善加强对农业科学研究、技术推广以及农业教育的支撑。1995年韩国成立农业研究和发展促进中心，共向3000余个项目投资3910亿韩元。同时，为了更好地为农民提供农业生产技术，韩国政府实行了“区域农业集合计划”，为农业科学研究、地方政府以及农业机构之间建立连接网络，增强各个区域农业技术的投入。

（四）农业科技人才培养政策是推进农业绿色发展的内在动力

农业人才是农业绿色发展的根本，也是促进一个地区或国家农业绿色发展能力的核心和关键。因此在各个发达国家制定政策过程中，其中很重要的一个方面是针对农业人才的培养。美国在农业科技人才培养中主要通过构建科研、教育和推广“三位一体”体系。同时，在体系制定中美国政府通过颁布相关法律政策予以保障，主要有《哈奇法案》和《史密斯—利弗法案》。《哈奇法案》是由美国国会于1887年通过制定的，由联邦政府每年向各州拨款1.5万美元，资助各州在农工学院设立农业试验站，支持从事农业科学技术相关的研究。1914年，美国国会通过《史密斯—利弗法案》，主要由联邦政府资助，在各州建立农业推广站，主要负责农业技术的推广。同时，美国政府创立了“未来农场计划”，对农业生产人员进行专业的科学技术培养，普及农业可持续发展相关知识，减少化学品在生产中的施用量。

欧盟在 2013 年正式制定“地平线 2020 计划”，并从 2014 年开始实行，主要就是将研究与创新框架计划、竞争与创新计划以及欧洲创新与技术研究院组合为统一的战略，其中主要的内容就是提升农业技术科研力量，包括农业人才的培养、平台的搭建和完善以及前沿领域的资金支持等。

（五）农业金融支持政策是促进农业绿色发展的主要推力

资金是推动农业绿色发展的重要因素之一，由于农业的弱质性、高风险性等属性，在一定程度和阶段必须依靠政府的支持才能获得持续发展的动力。发达国家在推进农业绿色发展过程中，较为注重农业金融的政策支持，尤其在发展快速期，通过多种渠道对农业项目、农民、农业产业等方面进行资金支持。

美国政府在农业金融方面的支持政策主要包括信贷支持和税收支持两方面内容。首先是信贷支持。1916 年美国国会通过《农业贷款法》，以 1916 年《联邦农业贷款法》、1923 年《农业信贷法》为基本线索，初步建立起专门农业信贷体系，有效满足了这一时期农民和家庭农场主的农业信贷需求。1933 年美国国会通过

《紧急农业抵押法案》，延长了农业抵押贷款的期限，同时还通过项目提供紧急融资应对农业抵押贷款违约现象。1971 年《农业信贷法》对信贷体系的职能和职权进行扩充，赋予合作制的农业信贷体系更多职权和灵活性。1992 年美国国会通过《农业信贷银行与协会安全稳健法案》，明确了联邦农业信贷系统的责任和义务，规定了联邦援助借款的偿还方式。1996 年美国国会通过《联邦信贷系统改革法》，进一步提升农业信贷系统的自主性，扩大农业的自主选择权。2008 年《农业法》进一步对贷款业务的具体内容进行了调整。2009 年美国国会通过《农业信贷提升法》，强化在农业信贷司法纠纷中的调节作用。其次是农业税收支持。美国实行统一的税收制度，没有独立的农业税制，但是在农产品销售、农场收益、土地流转等方面执行优惠或减免的税收政策，优惠的税金种类包括所得税、财产税、遗产税和赠予税等。美国政府对农业所得税实行优惠与减免的措施主要体现在五方面。第一，农场主可以在收到出售农产品的贷款后再向税务部门报告，而发生的生产支出可以在当年扣除。第二，农场主为生产支付的资本开支可以在付款的当期收入中一次扣除。第三，美国税法将农产品销售看作资本项，而资本增值税与产品销售所得税的税率差异较大。资本增值税率为 8%~28%，而个人其他所得税税率为 15%~39.6%。第四，对于出售资产而产生的盈余，按照短期和长期缴纳不同的税收。短期收入全部是应纳税收入，长期收入中只有 40% 的部分为应纳税收入。农民出售固定资产所得的收益作为长期资本收益处理，享受 60% 的税收减免。第五,一些项目享受免税和减税优惠。农业团体、水利工会、农业协作工会等的股息所得、利息所得、补贴所得等免交所得税。

三、发达国家农业绿色发展对中国的启示

随着中国农业的不断创新突破，近年来中国农业现代化取得较大成效，然而也带来很多弊端。农业资源的超负荷利用，农业生产的过度污染，生态系统的退化等等，农业发展面临转变观念的紧迫挑战，农业绿色发展在现阶段刻不容缓。通过借鉴国外农业绿色发展的主要进程和政策体系，对中国未来如何较好推进农业绿色发展具有较大的启示作用。

（一）完善中国农业绿色发展的法制化建设

从不同发达国家的农业绿色发展政策演变的过程看，主要通过法律的形式保障农业政策的顺利实施，尤其是美国、欧盟和日本的农业政策都是以颁布法律的形式而体现的。可以看出，农业绿色发展离不开法律的支撑和约束。相比之下，中国于 1993 年

首次颁布《农业法》，2002年和2012年进行了修订，在农业支持政策制定过程中往往忽视农业的整体性和系统性，对于农业绿色发展的相关法律较少，支撑的内容和范围也有所局限。因此，借鉴国际经验，中国应进一步完善农业绿色发展的法制化体系建设。首先，形成较为完善的农业法条款，对于农业绿色发展的相关政策规定尽可能的法制化、清晰化、具体化，使农业绿色发展政策实施具有法律保障，强化农业绿色发展的实施力度；其次，增强农业绿色发展相关法律的连续性，在规定的有效期衔接过程中，避免出现政策“真空”期；再次，丰富农业绿色发展相关法律的内容，制定详细具体的实行措施，并且尽可能地采取量化规定，便于政策或法律的实施，同时也使农民能对自己的效益形成较为清晰的认识，提高农民在农业绿色发展中的积极性和主动性。最后，针对不同发展阶段制定针对性的农业绿色发展法律和政策。农业绿色发展是随着经济和社会的整体发展而不断变化的，也是随着农民的生活水平提升而不断需要调整的，中国目前处于新时期迈入的关键阶段，处于乡村振兴战略的起步阶段，需要及时调整农业绿色发展的相关法律政策，紧跟乡村振兴发展目标，制定切实可行的相关法律政策。

（二）完善中国农业补贴结构，构建明确、长效的补贴体系

从国外发达国家的农业绿色发展相关补贴政策来看，其农业的补贴体系都较为完善和长效，内容和标准也都较为具体和明确。相比之下，我国农业补贴体系相对较为单一，而且在补贴中占比最大的是综合性补贴，属于间接补贴，对农民的补贴较少，补贴效益较低。从内容来看，我国对于农业绿色发展以及可持续发展相关的补贴界限不明确，内容不是十分清晰，因此农民对于农业绿色发展的观念不强、意识不够，积极性缺乏，农业绿色发展在农民群众中应用和实施的效益得不到有效体现。因此在今后发展过程中，我国应进一步调整农业补贴结构，进一步加大农业绿色发展在农业整体补贴体系中的比重，包括生态系统的保护、农业资源的补贴支持、农业劳动生产力的补贴以及农业绿色技术培养的补贴等。同时，应该更加系统化地完善农业绿色发展补贴体系，针对不同地区、不同目标设立不同的补贴类型和补贴标准，在保障农民收入的同时促进农村环境的保护、农业资源的长效利用、农村可持续发展等，增强农业的可持续发展。

（三）提升中国农业绿色发展科技力量支撑

党的十九大提出了乡村振兴战略，而生态资源是乡村发展中

的重要优势和条件之一，因此推进农业绿色发展是顺应乡村振兴的必然之路。如何有效吸收乡村振兴战略提出的关键内容和方向，有效推进农业绿色发展是中国今后长时期需要做的突破和创新。2017 年，中办、国办印发《关于创新体制机制推进农业绿色发展的意见》，对当前和今后一个时期推进农业绿色发展作出了全面系统部署。首先，创新农业发展理念，用绿色理念引导农业生产，从顶层设计中侧重农业绿色发展理念。其次，创新生产方式，提升农业科技水平，加大技术、人才培训和示范推广等水平，加快农业绿色生产方式尽快落地，确保农业的可持续发展。再次，创新农业经营体系，通过发展多元化的农业绿色发展路径，创新连接机制，推进农业绿色发展技术在小农户群体的普及程度。最后，创新农业绿色发展政策。借鉴美国“三位一体”体系，进一步提升科研、推广和应用三者的结合紧密度，转变科研模式，针对目前有关农业绿色发展的关键技术问题进行项目支撑，同时促进科研与社会经济的联结程度，形成多种主体相结合的多元化协调的开发机制，加强农业技术推广平台，进一步完善各省、市、县政府的技术沟通网络。

（四）促进产业结构转型，利用绿色产业拉动农民增收

从中国农业发展来看，依靠传统农业结构的发展模式已经面

临瓶颈和制约，生态和经济的双重压力导致农业产业结构必然面临较大的改革和转变，绿色产业无论从市场需求还是自然资源发展规律来看都是现阶段拉动农业产业发展的核心力量。因此为了促进农业绿色发展和农民增收“双赢”目标，需要进一步以市场需求为导向，转变观念，调整产业结构，提升绿色产业发展的重要性，由产量向质量转变，实现农产品的多样化、个性化、差异化、品牌化，更贴近现代人群对于健康、优质、营养的消费需求，同时也提升农业产业由产量优先向质量优先的转变和改革，推进农业绿色发展进程。除此之外，进一步挖掘开发农业的多元功能，扩大农业资源的利用范围以及与其他生态资源的融合程度，提升农业资源的利用度。通过农业与生态资源、文化资源、旅游资源等相结合，提升农业的生态价值、文化价值、休闲价值以及经济价值，提升农业整体效益，加快农业对农民增收的带动作用，促进农业对乡村振兴的贡献作用，进而形成农业绿色发展和农民增收互相促进的良性机制。

第四章

中国农业绿色发展政策的演变

本章执笔人：金书秦、韩冬梅。

农业绿色发展是近几年提出的，实际上，一直以来我国都在以不同形式探索农业的可持续发展，因此本章将对改革开放40年农业可持续发展相关政策进行了梳理，不对“绿色发展”和“可持续发展”进行区分。总体来看，从改革开放至今的40年，农业农村领域已经从污染避难所转变为绿色发展主战场，中国农业发展从注重量的增长到注重质的提高，从单纯的污染防治到强调农业可持续发展、实施乡村振兴战略。中国农业可持续发展政策的演变具体表现为目标的变更、农业可持续发展行动的不断丰富，以及农业可持续发展理念的不断提升几个层次。具体可分为四个阶段，各个阶段划分的依据是标志性事件或政策的出台，总体是清晰的，但由于政策的连续性也不可避免有少量重叠。

一、起步阶段：目标模糊，缺少有效的行动

随着改革开放的逐步深化，中国经济进入快速发展阶段，20

世纪80年代城市化进程加速，城市工业产生的“三废”以及城市生活垃圾等以各种形式进入农村地区。同时，一些耗能高污染重的化工、造纸等行业以联营、分厂等名义进入农村地区，严重污染了农村生态环境①。蓬勃发展的乡镇企业加剧了农村生态环境的污染。星罗棋布的乡镇企业具有污染地域范围广、影响面积大、受害人口多、管理困难的特点②，企业排放的三废，不经处理大量进入环境中，污染了水质、土壤和空气③。加之乡镇企业缺少规划，环境污染缺少有效的监管手段，对农村的环境污染远远超过了城市工业污染的范围与程度。因此在这一时期，乡镇企业的污染控制开始成为农村环境关注的重点。

传统农业向现代农业发展过程中产生的环境问题开始显现：如农药、化肥的过量使用导致各种环境问题；传统农业灌溉方式导致水资源过量开采；过度垦荒、过渡放牧、滥砍滥伐导致水土流失、土壤沙化现象严重；高毒农药（例如六六六、DDT）的大量使用在杀死害虫的同时也导致益虫的灭绝。20世纪80年代早期的文献中就有记载：卫生部对全国十六个省（市、区）的7700

① 朱章玉、李道棠、俞佩金等："实践中的一种城郊农业生态工程模式"，载于《城市环境与城市生态》，1988年第3期，第3页。

② 冯向东："略论乡镇工业引起的生态问题与整治对策"，载于《生态学杂志》，1989年第5期，第64–67页。

③ 张笑兰："发展农业生产与保护生态环境"，载于《生态与农村环境学报》，1986年2月第3期，第32–33,58页。

多份农畜产品检验，发现其中 50% 以上含有六六六，动物性样品几乎 100% 含有六六六，肥瘦肉超过 80% 含量超标[①]。

这个阶段，我国环境政策体系建设开始起步，密集出台了一系列重要法律法规。其中最为重要的是《环境保护法》，该法明确规定“加强农村环境保护、防治生态破坏，合理使用农药、化肥等农业生产投入”，这是农村环境保护工作的法律基础和依据。

针对城市污染转嫁的问题，国务院在 1984 年颁布的《关于加强乡镇、街道企业环境管理的决定》中明确提出“坚决制止污染转嫁”。1986 年颁布的《中华人民共和国国民经济和社会发展第七个五年计划》再次明确指出“保护农村环境”，“坚决制止大城市向农村、大中型企业向小型企业转嫁污染”。生态农业的提法开始兴起。国务院 1984 年做出的《关于加强环境保护工作的决定》和 1985 年发布的《关于发展生态农业，加强农业生态环境保护工作的意见》，都对推广生态农业提出了要求。这一时期关于农村环境保护的文献也大多以建设生态农业、发展生态农业试点为主[②③④]，各种形式的生态农业方兴未艾。1982—1986 年间，

① 郭士勤、蒋天中：“农业环境污染及其危害”，载于《农业环境科学学报》，1981 年第 00 期，第 24–25 页。

② 周小平：“农村环境保护与生态农业”，载于《农业现代化研究》，1986 年第 6 期，第 10 页。

③ 张壬午、冯宇澄、王洪庆等：“论具有中国特色的生态农业——我国生态农业与国外替代农业的比较”，载于《农业现代化研究》，1989 年 10 月第 3 期，第 23–27 页。

④ 唐德富：“谈谈生态农业的生态设计”，载于《农村生态环境》，1988 年第 3 期，第 34–38 页。

中共中央国务院连续颁发五个中央 1 号文件以支持和强化农业农村经济改革[①]，这些文件也原则性地提出了一些农业改革形势下保护自然资源和生态环境的基本策略。

1994 年 7 月中国《21 世纪发展议程》中，从农业生产、粮食安全、农村生态环境保护、资源可持续利用等方面对农业可持续发展进行了界定，从而对农业发展提出了全新的目标。1999 年原国家环境保护总局印发了《国家环境保护总局关于加强农村生态环境保护工作的若干意见》，这是我国第一个直接针对农村环境保护的政策。在农业用水、土地、生物资源等方面制定了专门法规，16 个省和 100 多个地县出台了农业环境保护条例[②]。在改善农村生活环境方面，1993 年国务院颁布了《村庄和集镇规划建设管理条例》，要求建立村庄、集镇总体规划，“维护村容镇貌和环境卫生”，“保护和改善生态环境，防治污染和其他公害，加强绿化和村容镇貌、环境卫生建设”。

总体上在这一阶段，农业面源污染在整体排放中所占比重逐渐上升，但是国家环境管理的重点还在工业源的治理。农业面源污染在环境保护政策中，只是在大的方向上提出了目标，但是缺少具体的、有针对性的政策行动。这一阶段属于农业可持续发展

---

① 杜润生：《杜润生文集（1980—1998）》，山西经济出版社 1998 年版。

② 高怀友：“中国农业环境保护工作现状”，载于《中国环境管理》（吉林），1996 年第 3 期，第 15–16 页。

政策的起步阶段。

二、问题显现阶段：针对单个领域采取一些行动

90年代以后，农业农村环境问题开始集中显现，呈现出点源污染和面源污染共存，农村生活污染与农业生产污染叠加，乡镇企业污染和城市污染转移威胁共存的局面[①]。除了城市工业三废、乡镇企业污染、生态系统严重破坏等日积月累的问题，农业自身造成的污染效应也开始显现，并且随着工业和城市污染排放得到一定程度的遏制，农业自身排放的破坏效应日益凸显，农业成为重要的污染源，区域经济社会可持续发展受到严重制约[②]。化肥、农药、地膜的使用量迅速上升，畜禽粪便污染排放巨大，据估算，仅1990年全国畜禽粪便产生量就达24.48亿吨，利用率为60%，有9.79亿吨排入环境[③]。根据中国农业科学院土肥所1991—1993年对我国北方14县的地下水、饮用水中硝酸盐浓度的监测，显示超标率达50%，说明由于农田过量施用氮肥导致的

① 陈懿："对完善中国农村环境法制的建议"，载于《世界环境》，2008年第5期，第49–51页。

② 陶思明："浅论农村生态环境的主要问题及其保护对策"，载于《上海环境科学》，1996年第10期，第5–8页。

③ 刘玉凯："加强农村环境保护工作"，载于《农村生态环境》，1994年10月第3期，第56–58页。

地下水硝酸盐污染问题已经相当严重[①],湖泊富营养化情况也开始显现。据估算，我国富营养化较严重的滇池、太湖和巢湖，人畜粪便及生活污水全氮和全磷的贡献率达到了 80% 以上[②]。农村基础设施建设和环境管理依然较落后，农村生活污水和生活垃圾仍然缺少有效的管理手段[③]。许多地区面源污染占污染负荷比例甚至超过工业污染[④]。1995 年中国环境状况公报首次将农村环境状况列入其中，1999 年中国环境状况公报则明确指出“农村环境质量有所下降”。

进入 21 世纪，随着国家经济实力增强、公众环保意识觉醒，环境保护被提到前所未有的高度。2001 年 12 月，国家环保总局制定的《国家环境保护“十五”计划》明确提出“把控制农业面源污染、农村生活污染和改善农村环境质量作为农村环境保护的重要任务”。农村环境综合整治进一步开展，中央投入农村环保专项资金用于农村环境综合整治。2005 年党的十六届五中全会首次提出建设“社会主义新农村”的要求，在继续重视提高农业产出的同时，强调农村生产和生活环境的保护；提出了“生产发

① 刘国光：“论中国农村的可持续发展”，载于《中国农村经济》，1999 年第 11 期，第 4-11 页。

② 朱兆良、孙波等：“我国农业面源污染的控制政策和措施”，载于《科技导报》，2005 年第 4 期，第 47-51 页。

③ 路明：“我国农村环境污染现状与防治对策”，载于《农业环境与发展》，2008 年第 3 期，第 1-5 页。

④ 苏杨、马宙宙：“我国农村现代化进程中的环境污染问题及对策研究”，载于《中国人口·资源与环境》，2006 年第 2 期，第 12-18 页。

展、生活宽裕、乡风文明、村容整洁、管理民主”的具体要求。2006 年国家环保总局发布的《国家农村小康环保行动计划》提出农村环保资金“以中央财政投入为主，地方配套，村民自愿，鼓励社会各方参与”。2007 年《关于加强农村环境保护工作的意见》对中央、地方政府和乡镇、村庄各级环境保护资金投入责任进行了界定，同时引导和鼓励社会资金参与农村环境保护。2008 年中央财政设立农村环保专项资金，通过“以奖代补”“以奖促治”等方式开展农村环境集中整治，农村环境保护专项资金投入逐年增加，2008—2012 年分别投入 5 亿元、10 亿元、25 亿元、40 亿元、55 亿元[①]。

总体上，这一阶段的农业环保政策突出表现为专注于农业面源污染防治、畜禽养殖污染防治、美丽乡村建设等单个领域的行动。加强农业污染防治成为这一阶段的政策总体目标。

三、加速阶段：抓住主要矛盾开展集中攻坚

21 世纪以来，我国农业农村经济快速发展，但同时我国也已经成为世界上最大的化肥、农药生产国和消费国。我国化肥施用

① 王莉、沈贵银：“我国农业环境保护的措施、难点和对策”，载于《经济研究参考》，2013 年第 8 期，第 18–22 页。

总量从2000年的4146万吨增加到2013年的5912万吨，年均增长2.8%，化肥使用总量相当于美国和印度的用量之和；化肥施用强度从2000年的265千克/公顷增加到2013年的357千克/公顷，年均增长2.5%，远超国际公认的225千克/公顷的施肥上限。农药使用量由2000年的128万吨增加到2013年的180万吨，年均增长2.7%；农药使用强度由2000年的8千克/公顷增加到2013年的11千克/公顷，年均增长2.3%。我国化肥和农药平均利用率分别为33%和35%，比发达国家低15%~30%。化肥和农药对于农业而言是把双刃剑，除了带来农作物增产，还会产生面源污染等非预期产出。我国化肥和农药使用量大、强度高、利用率低、施肥和施药方法不够科学等方面的问题日益严重，不仅增加了农业生产成本、浪费资源，也造成地力下降、农产品残留超标和农业面源污染，影响农业生产安全、农产品质量安全和生态环境安全，危害人体健康，威胁农业可持续发展。农业发展面临资源条件和生态环境"两个紧箍咒"，迫切需要实现农业化肥减量增效和农药减量控害[①]。

畜禽养殖业尤其是规模化畜禽养殖业也成为农业面源的最大排放源，是我国环境污染的重要来源。据国家统计局统计显示，2014年畜牧业总产值已达到28956.30亿元，占农林牧渔业总产

① 周芳、金书秦、沈贵银："基于省级层面的中国农药使用环境库兹涅茨曲线研究"，载于《江苏农业科学》，2017年第13页，第260–263页。

值的 28.3%。传统畜禽养殖以家庭散养为主，随着现代养殖业集约化、规模化和产业化发展，不仅大大推动了畜牧业现代化的进程，集约化的畜禽养殖污染也对我国环境造成巨大的压力。《第一次全国污染源普查公报》显示，2007 年，我国畜禽养殖业的 COD 和氨氮排放量分别占农业源 COD 和氨氮排放量的 95.8% 和 78.1%，占全国 COD 和氨氮排放量的 41.9% 和 41.5%。而畜禽养殖业是我国农业的重要组成部分，其产值仅次于种植业。单纯以达标排放为目标，必将导致养殖成本的大幅提高。在此压力下，畜禽粪便的资源属性开始受到重视，达标排放只是最不得已的办法，寻求资源化利用成为根本出路。

2014 年修订的《环境保护法》对农业和农村污染问题的重视程度显著提高，在农业污染源监测、农村环境综合整治、农药化肥污染防治、畜禽养殖污染防治以及农村生活污染防治等方面做出了较全面的规定，对各级政府在农业农村环境保护方面的作用做出界定。修订后的《环境保护法》为适应新时期农业农村环境保护工作的开展奠定了法律基础。2014 年开始生效的《畜禽规模养殖污染防治条例》对畜禽养殖污染的预防、综合利用和无害化处理等做出了详细的规定。至此我国农业农村环境保护领域终于在国家层面有了一部行政法规，该条例也因此具有里程碑的性质。《“十二五”国民经济发展规划纲要》明确把治理农药、化肥、农膜、畜禽养殖等农业面源污染作为农村环境综合整治的重点领域，要求 2015 年农业 COD 和氨氮排放相比 2010 年要分别下降 8% 和 10%，这是国家规划中首次对农业污染排放作出约束性要求。2014 年全国农业工作会议明确提出了农业面源污染治理“一控、两减、三基本”（农业用水总量控制；化肥、农药施用量减少；地膜、秸秆、畜禽粪便基本资源化利用）目标。具体是：农业用水总量控制在 3720 亿立方米；化肥农药实现零增长，利用效率达到 40%；规模畜禽养殖废弃物处理设施比例达 75% 以上、秸秆综合利用率 85% 以上、农膜回收率 80% 以上。

围绕以上目标，具体的行动体系逐步形成。一是农业面源污染监测网络初步建立。目前，我国已经初步建立了由 270 余个定位监测点组成的农业面源污染监测网络，在北方农田残膜污染严重的省份建立了由 210 个监测点组成的地膜污染监测网络，监测网络架构基本形成，未来将继续加密监测点位。

二是农药化肥零增长行动计划稳步推进。在中央领导指示精神下，2015 年，农业部发布了《关于打好农业面源污染防治攻坚战的实施意见》，细化了农业面源污染防治的“一控两减三基本”目标，提出了打好农业面源污染防治攻坚战的总体要求，要求加快推进农业面源污染综合治理、不断强化农业面源污染防治。2015 年又相继发布了《到 2020 年化肥使用量零增长行动方案》和《到 2020 年农药使用量零增长行动方案》，对化肥、农药的减量化做出了细致安排。

三是养殖污染防治纳入法治轨道，结构调整、资源化利用成为主要出路。2012 年，农业部会同环境保护部印发了《全国畜禽养殖污染防治“十二五”规划》；2014 年生效的《畜禽规模养殖污染防治条例》和 2015 年生效的新《环境保护法》，一方面为农业面源的依法治污奠定了基础，另一方面，该条例的主体内容总体上是鼓励畜禽粪便的综合利用，而不是以达标排放为目标，这是对畜禽粪便在内的农业污染治理提出了新的发展方向和解决手段。基于该条例提出的总体目标，中国陆续出台了一系列的规划和方案，对畜禽养殖污染控制和综合利用提出更细化的阶段目标。农业部 2016 年印发了《全国生猪生产发展规划（2016—2020 年）》，将南方水网地区（江苏、浙江、福建等 8 个省）规划为约束发展区，实行合理承载，推动绿色发展，推进生猪适度规模化标准养殖，推行经济高效的生猪粪便处理利用模式；规划东北 4 省（辽宁、吉林、黑龙江和内蒙古）为潜力增长区，充分利用区域在环境承载、饲料资源、地方品种资源等方面的优势，转变生产方式，高起点、高标准扩大生产规模。这是我国从全局考虑，推进畜禽养殖粪便资源化利用，落实绿色发展的重要举措。

四是农村生活污染治理、地膜和秸秆回收示范推广。全国建成农村清洁工程示范村 1600 余个，生活垃圾、污水、农作物秸秆、人畜粪便处理利用率达到 90% 以上，化肥、农药减施 20% 以上，有效缓解了农业面源污染。在新疆、甘肃、山东、吉林等

10个省份开展以地膜回收利用为主的农业清洁生产示范项目，支持开展加厚地膜推广、地膜回收网点和废旧地膜加工能力建设，积极解决农田“白色污染”问题。

这一阶段国家相关政策的发展趋势是由解决单领域问题逐步走向促进农村社会、经济、环境的协调发展，努力构建可持续的现代化农业体系[①②③]。中国的农业现代化目标已经从过去单一的高产转变为“高产、优质、高效、生态、安全”的综合目标，生态、环保已经成为农业发展自身的内在要求[④]。单一的污染源达标排放的思想逐渐转为树立“利用是最有效的污染治理措施”的观念，农业环境保护也随之提升到农业生态文明建设的高度。

四、战略提升阶段：发展理念的全面提升

自2004年以来，在一系列强农惠农政策的支持下，我国

---

① 董文兵：“从十个中央1号文件看30年农村改革”，载于《中国石油大学学报（社会科学版）》，2008年第6期，第1-4页。

② 李海鸥：“从10个中央1号文件看中国农村改革”，载于《投资北京》，2008年第7期，第34-35页。

③ 高俊才：“统筹兼顾 改革创新 加快推进中国特色农业现代化——学习2014年中央1号文件体会”，载于《中国经贸导刊》，2014年第4期，第52-57页。

④ 金书秦、沈贵银：“中国农业面源污染的困境摆脱与绿色转型”，载于《改革》，2013年第5期，第79-87页。

农业综合生产能力稳步提升，粮食生产实现历史性的“十二连增”，农民收入增长实现“十二连快”，2015 年全国粮食总产达到 12428.7 亿斤，连续 5 年超过 11000 亿斤，我国粮食综合生产能力稳定跃上新台阶，完全可以确保“谷物基本自给，口粮绝对安全”的粮食安全目标。同时，我国农业发展也进入生产成本地板抬升、农产品价格天花板挤压，同时资源环境约束加剧的新时期。农业面临的严重“产能生态透支”现象更加凸显；同时农业连年增产背景下进口连增、农业国际竞争力不足、国内外价格倒挂现象也受到全社会更大关注。在压力的倒逼下，全面构建农业环境治理体系、实现农业绿色发展已成为实现农业现代化的内在要求，是生态文明建设的重要组成部分。我国农业已经进入到加快转型升级、实现绿色发展的新阶段。

在社会层面，治理农业面源污染已经取得了广泛的社会共识。近年来，垃圾围城、雾霾锁国、饮水危机以及农产品质量安全等一系列与环境相关事件的发生，损害了公众健康，但也唤醒了公众的环境意识，更增强了中央铁腕治污的决心。对环境问题的关注达到前所未有的高度，可以说加强环境保护是全民心声的最大公约数之一。

在中央政策层面，农业可持续性已成为现代农业第三大目标，集中体现为一系列以保护农业生态环境为核心目标的政策出台。尽管过去多年的中央 1 号文件中均涉及农业环境治理问题，但2015年无疑是农业环境治理行动落实最为密集和迅速的一年。2015年中央1号文件专门强调加强农业生态治理，并且明确以实施两个全国性规划（《农业环境突出问题治理总体规划（2014—2018）》和《全国农业可持续发展规划（2015—2030）》）为抓手。从农业自身的转型而言，2015年国务院办公厅印发的《关于加快转变农业发展方式的意见》指明了当前和今后一个时期我国农业发展转型的方向，即：由数量增长为主转到数量质量效益并重上来，由主要依靠物质要素投入转到依靠科技创新和提高劳动者素质上来，由依赖资源消耗的粗放经营转到可持续发展上来，走产出高效、产品安全、资源节约、环境友好的现代农业发展道路。这一方针的提出表明我国农业农村工作总目标已由过去的“保障农产品供给、增加农民收入”的双目标向“保障农产品供给、增加农民收入和保持农业可持续性”的三目标的转变。

对于保障农业发展可持续性的而言，最具有标志性意义的是2015年3月18日国务院常务会议审议通过《全国农业可持续发展规划（2015—2030年）》（以下简称《规划》），2015年5月正式由农业部牵头，国家发改委、科技部、财政部等八部委联合印发。自此，我国农业可持续发展有规可循，未来三个五年的农业发展，都将在本《规划》的框架下展开。《规划》与过去几乎所有涉农规划的最显著区别在于强调资源环境的可持续利用和保护。《规划》中基本看不到“传统”的农业发展目标，例如粮食产量、农民收入等；贯穿《规划》通篇的是对农业生产“元能力”的保护，主要包括水土资源保护、生态修复和环境治理[①]。2017年9月，中办、国办印发了《关于创新体制机制推进农业绿色发展的意见》，首次在党中央、国务院的文件中明确提出农业绿色发展。

为贯彻党中央、国务院决策部署，落实新发展理念，加快推进农业供给侧结构性改革，增强农业可持续发展能力，提高农业发展的质量效益和竞争力，2017年农业部决定启动实施畜禽粪污资源化利用行动、果菜茶有机肥替代化肥行动、东北地区秸秆处理行动、农膜回收行动和以长江为重点的水生生物保护行动等“农业绿色发展五大行动”。这是落实绿色发展理念的关键举措。

2018年中央提出的乡村振兴战略将农业农村可持续发展的理念进一步提升，发展的目标即实现农业农村现代化，不仅需要城乡均衡发展，更是农业农村经济、环境、生态、人文等各个领域的均衡可持续发展[②]。

这一阶段，高产、安全、环保等各项目标充分融合并不断提升，实现农业可持续发展成为我国的农业发展的核心目标。单纯

---

① 杜志雄、金书秦：“中国农业政策新目标的形成与实现”，载于《东岳论丛》，2016年第2期，第24-29页。

② 陈秧分、王国刚、孙炜琳：“乡村振兴战略中的农业地位与农业发展”，载于《农业经济问题》，2018年第1期，第20-26页。

的农业污染治理各项政策行动已经转变为推进资源综合利用、实现农业绿色发展，进而实现新时期的农业现代化的综合性战略。农业可持续发展的理念得到全面提升。

五、本章小结

早在 2005 年，习近平同志就提出绿水青山就是金山银山的论断。后来他又用三个阶段系统论述了绿水青山和金山银山的辩证关系，第一阶段就是用绿水青山换取金山银山，第二阶段是既要金山银山也要绿水青山，第三个阶段是认识到绿水青山可以源源不断地带来金山银山，绿水青山本身就是金山银山。这三个阶段是经济增长方式转变的过程，是发展观念不断进步的过程，也是人和自然关系不断调整、趋向和谐的过程。从过去的先污染后治理，到现在的绿色优化发展。

展望我国农业可持续发展的政策方向，正如习近平总书记在十九大报告中进一步强调指出的，必须树立和践行绿水青山就是金山银山的理念，坚持节约资源和保护环境的基本国策，像对待生命一样对待生态环境，统筹山水林田湖草系统治理，实行最严格的生态环境保护制度，形成绿色发展方式和生活方式，坚定走生产发展、生活富裕、生态良好的文明发展道路，建设美丽中国，为人民创造良好生产生活环境，为全球生态安全作出贡献。按照产业兴旺、生态宜居、乡风文明、治理有效、生活富裕的总要求，把加快推进农业农村现代化、实现乡村振兴作为新时期实现全面小康目标的重要内容。

第五章 绿色发展评价相关研究综述

执笔人：张斌、魏琦、金书秦。

当前国内外关于农业绿色发展评价方面的研究还较少，但在绿色经济评价、农业现代化发展评价等方面已进行了大量研究。这些研究成果可以为构建中国农业绿色发展评价体系提供重要参考。因此，本章将首先总结国内外绿色经济发展指数方面的相关研究，然后再重点梳理农业发展评价方面的相关研究，特别是农业绿色发展方面的研究。

一、国内外绿色经济发展指数

绿色发展概念是20世纪60年代以来在对先污染后治理的传统工业发展方式不断反思过程中形成的。以石油和煤炭为能源基础的传统工业化道路，促进了物质财富的快速积累，但同时也造成了一系列的资源环境问题，资源过度开发利用导致生态环境恶化，对人类社会的可持续发展构成严重挑战。为化解“黑色”发展模式造成的环境危机，“绿色”发展逐渐形成共识[①]。2002年联合国开发计划署（UNDP）在《2002年中国人类发展报告：让绿色发展成为一种选择》中首先提出来了“绿色发展概念”，该报告全面评估了中国的环境发展状况，并通过分析中国经济发展与环境发展之间的关系，比较了不同发展方式下中国未来的可能情景，指出中国要探索全新的绿色发展道路[②]。

对于绿色发展的内涵理解，目前主要有两条路径：一是以应对气候变化和资源环境保护为出发点，强调温室气体减排、资源环境保护，一些处于后工业化阶段的国家，如美国、德国等，其经济社会状况较为发达，同时也已基本解决传统环境污染问题，所以更为关注气候变化等全球性环境问题；二是以促进经济增长为出发点，强调将绿色新兴产业作为新的经济增长点，不断清洁经济增长的动力，众多发展中国家，如中国、巴西等，其经济社会发展水平相对较低，传统环境污染也还没有解决，所以在强调国内生态环境保护的同时，也极为关注对经济发展的促进作用[③]。虽然两条路径的出发点不同，但是其本质上均体现了资源环境与经济发展的协调关系，即在经济增长中要坚持环境保护和资源节

① 李周：“用绿色理念引领山区生态经济发展”，载于《中国农村经济》，2018年第1期。

② SEI & UNDP. China Human Decelopment Report 2002: Making Green Development a Choice. Oxford University Press,2002.

③ 郑红霞、王毅、黄宝荣：“绿色发展评价指标体系研究综述”，载于《工业技术经济》，2013年第02期，第142-152页。

约利用，在环境保护和资源节约利用中要促进经济增长。

随着“绿色”在经济社会中的作用逐渐凸显，国内外学者对绿色发展评价进行了许多探索，但明确提出“绿色指数”的研究较少。现有绿色发展评价方面的研究，主要包括三大类：绿色国民经济核算、绿色发展综合指数以及特殊领域的绿色发展指标体系。其中，绿色国民经济核算是在传统国民经济核算的基础上，增加资源消耗和环境污染的成本核算，以解决经济增长过程中资源环境外部性缺失问题，能够对资源环境的使用成本和效益进行货币化核算；绿色发展综合指数，即在选择核心指标的基础上，根据指标重要性赋予相应权重后进行加权，得到一个综合性的指数，以此衡量总体的绿色发展情况，该方法在跨区域比较中较为常用；其他绿色相关评价体系则主要侧重于能源、城镇化等某一领域的绿色发展状况，其内涵更为直接，评价指标往往更为具体。

（一）绿色国民经济核算体系

传统的国民经济核算以市场交易为基础，只能反映经济发展情况，不能反映经济活动对资源环境所造成的成本和污染代价。因此，国际社会开始探索绿色国民经济核算体系，尝试从传统GDP中扣除自然资源耗减成本和环境退化成本，即建立自然资源资产账户。1987 年，挪威首次发布了“自然资源核算”报告，对能源、土地、森林和矿产等资源进行了核算；随后芬兰建立了包括森林资源、环境保护支出和大气污染排放等内容的自然核算体系[①]。1992 年，联合国统计局构建了环境经济账户（SEEA），正式将环境因素纳入国民核算体系。在各国不断实践探索基础上，联合国先后又推出了 SEEA2000 和 SEEA2003，成为影响最深、应用最广的绿色国民经济核算体系[②]。进入 21 世纪以来，美国、德国等发达国家在 SEEA 框架的基础上，增加资源账户，进行了资源环境核算的探索，同时包括中国在内的墨西哥、泰国等大量发展中国家也相继开展了绿色国民经济核算。其中加拿大的资源环境核算体系（SERA）具有突出代表性[③]，既包括自然资本存量、物质和能源流的资源账户，也包括以环保支出为核心的环境账户。

由于各国的国情差异较大，以及资源环境核算本身的复杂性，目前绿色国民经济核算的相关理论还不是很成熟，总体上还处于探索阶段。2004 年，原国家环保总局和国家统计局于启动了中国环境经济核算工作，并于 2005 年构建了符合中国国情的绿

① K.H. Alfsen, T.A. Bye and L. Lorentsen. Natural Resource Accounting and Analysis: The Norwegian Experience 1978–1986[R]. Statistisk sentralbyra, 1987.

② 邱琼：“绿色发展 GDP 核算研究综述”，载于《中国统计》，2006 年第 9 期，第 8–9 页。

③ Statistics Canada. Concepts, Sources and Methods of the Canadian System Environmental and Resource Account[R]. Stacan.gc.ca, 2006.

色 GDP 体系框架，2006 年公开发布《中国绿色国民经济核算研究报告 2004》[1]，这是中国第一份考虑了环境因素的 GDP 核算研究报告，但是该报告没有包含资源核算内容，也只是计算了部分环境污染损失，仍然不是真正意义上的绿色 GDP 核算。

（二）绿色发展综合指数

绿色国民经济核算体系的理论要求和数据要求都比较高，在绿色发展评价实践中，应用最为广泛的还是绿色发展综合指数。通过选择一系列反映绿色发展状况的核心指标，根据指标的相对重要性对不同指标进行赋权加总后就可以得到综合指数，以该综合指数为基础，既可以对不同地区的绿色发展状况进行比较研究，也可以进一步分析实现绿色发展存在的瓶颈和制约因素。经济合作组织（OECD）于 2009 年提出的绿色经济指数是国际上比较具有代表性的绿色发展综合指数[2]。在充分考虑自然资源价值的基础上，该指数强调从经济角度以低成本高效益等方式来解决生态恶化、气候变化等问题。基于现有数据库，OECD 建立了一

① 环保总局网站:《中国绿色国民经济核算研究报告 2004》发布，http://www.h2o-china.com/news/50803.html。

② Tamanini, Jeremy. CGEI 2014 : Measuring National Performance in the Green Economy, 4th edition, http:// dualcitizeninc.com/GGEI-Report2014.pdf.

个包括环境与资源生产率、自然资产基础、生活质量与政策响应等内容在内的综合性指标体系，具体包括 25 个指标，涵盖了经济、社会、生态、结构和体制等各方面的信息，其指标设计比较灵活，现已广泛应用到荷兰、墨西国等国家，但其中不少指标在现阶段还难以度量，这在很大程度上限制了该指标体系的应用范围。相比于 OECD 强调在经济发展过程中实现资源环境保护，联合国环境规划署（UNEP）构建的绿色经济衡量框架更加突出环境保护优先理念，希望通过发展低碳、清洁、资源节约产业促进经济转型，提高资源利用效率，并实现社会进步和人类福祉的提升。自 1992 年联合国环境与发展大会达成可持续发展共识以来，国际社会在可持续发展领域已取得了重大进展，但依然存在诸多挑战。随着绿色经济成为可持续发展领域的重要趋势，联合国环境规划署（UNEP）逐步构建了包含经济转型、资源效率、社会进步和人类福祉四个方面内容的绿色经济衡量体系[①]，UNEP 较为注重绿色发展的内在因果逻辑，强调要在农业、工业等重点行业增加投资力度，以降低环境污染和提高资源效率为基本目标。

近年来，随着我国政府越发重视绿色发展，国内学者在绿色经济发展评价方面进行了大量研究，并逐渐达成共识，取得了突破性进展。2010—2016 年间，北京师范大学、西南财经大学和国

① UNESCAP. Eco-efficiency Indicators: Measuring Resource-use Efficiency and the Impact of Economic Activities on the Environment[R]. UNESCAP, 2009.

家统计局连续 7 年联合发布了《中国绿色发展指数报告》年度发展报告[①]。该报告通过构建相对完善的绿色发展监测指标体系和指数测算方法，创新性地提出了“人类绿色发展指数”，并对多个省市的绿色发展水平进行科学测评和指数排名，是国内具有较大影响力的绿色发展评价体系。该体系的省级绿色发展指数，包括经济增长绿色化、资源环境承载力和政府政策支持度 3 个一级指标、9 个二级指标和 60 个三级指标。另外，自 2010 年以来，北京林业大学生态文明研究中心已连续 6 年发布《中国省域生态文明建设评价报告》年度评价报告[②]。该报告基于政府部门发布的权威数据，构建了包括生态活力、环境质量、社会发展和协调程度 4 个一级指标 24 个二级指标的生态文明建设指标体系，该报告的一大突出特点是对世界 111 个经济体的生态文明状况进行了定量化测算和排名，是目前国内较有影响力的省域生态文明评价报告。

绿色发展综合指数具有内涵清晰、数据可得性高、实际可操性强的特点，但同样由于指标选择存在较大的主观随意性，加权方法也不统一，不同结果之间的可比性较低。随着我国生态文明建设的持续推进，资源环境监测体系得到了有效改进，绿色发展

① 北京师范大学与资源管理研究院、西南财经大学发展研究院、国家统计局中国经济景气监测中心：《2016 中国绿色发展指数报告：区域比较》，北京师范大学出版社 2017 年版。

② 严耕、吴明红等：《中国省域生态文明建设评价报告（ECI 2016）》，社会科学文献出版社 2017 年版。

目标任务正逐步纳入政府考核体系，农业绿色发展综合指数研究的理论意义和实践价值不断凸显。2013 年，原国家环境保护部研究制定了《国家生态文明建设试点示范区指标（试行）》，从生态文明试点示范县 / 市的角度出发，规定试点示范区的基本条件和建设指标，包括生态经济、生态环境、生态人居、生态制度、生态文化 5 个方面 29 项指标；同年底，国家发改委联合财政、国土等部门发布了《国家生态文明先行示范区建设方案（试行）》，包括经济发展质量、资源能源节约利用、生态建设与环境保护、生态文化培育、体制机制建设等 5 个方面 51 项指标。2016 年 12 月，国家发展改革委联合国家统计局、环境保护部、中央组织部制定并印发了《绿色发展指标体系》和《生态文明建设考核目标体系》，作为生态文明建设评价考核的依据。其中，《绿色发展指标体系》包括约束性指标、主要监测评价指标和重要监测评价指标三类，具体指标包括资源利用、环境治理、环境质量、生态保护、增长质量、绿色生产和公众满意程度 7 个一级指标和 56 个二级指标；《生态文明建设考核目标体系》包括约束性指标和非约束性指标两类，并对约束性指标专门设定了扣分、降档等规定，具体一级指标包括资源利用、生态环境保护、年度评价结果、公众满意程度和生态环境事件 5 类，生态环境事件指标为扣分项，当地区发生重大突发环境事件、造成恶劣社会影响的其他环境污染或生态破坏时，根据相关文件规定进行认定减分处理。2017 年

12 月发布了《2016 年生态文明建设年度评价结果公报》，对 31 个省区的绿色发展指数进行了排序[①]。这是我国官方首次发布绿色发展测评结果，对于促进中国绿色发展具有重要意义。

（三）其他绿色相关评价体系

绿色发展综合评价是对经济、社会、生态与环境协调发展程度的测度。除了绿色国民经济核算体系和绿色发展指数外，还有大量其他相关的评价指标体系，对于构建绿色发展指数具有重要的参考意义。

有研究对产业发展、生态环境、生活消费等具体方面的绿色发展状况进行了评估。如纳斯达克清洁绿色能源指数，通过追踪致力于“蓝白色”能源技术领域的制造商、开发商、经销商企业的行为，衡量其运营状况，强调绿色发展的重要性，这已成为市场投资的重要参考指标。生活质量绿色指数，是对居民生活质量的评价，测度消费者的环保生活方式，并分析居民在住房、交通、食品和商品消费等领域的生活方式对环境的影响。另外，国

① 国家统计局：2016 年生态文明建设评价年度评价报告结果，http://www.stats.gov.cn/ tjsj/zxfb/201712/t20171226_1566827.html，2017-12-26。

内还有很多区域层面的绿色发展评价指标体系[①]，如国家级经济开发区绿色发展指标体系、中新天津生态绿色发展指标体系、江苏省绿色评价指标体系、贵安新区绿色发展指数等。

也有研究虽然没有采用“绿色发展”概念，但是却与绿色发展评价具有很大的相关性，如可持续发展评价等。中国科学院可持续发展研究组已连续多年发布《中国可持续发展能力评估指标体系》，其在独立开辟可持续发展演进系统学方法的基础上，将可持续发展能力视为由具有相互内在联系的生存支持系统、发展支持系统、环境支持系统、社会支持系统和智力支持系统等 5 大系统所构成的复杂巨系统的正向演化轨迹，并据此构建了中国可持续发展能力评估指标体系，具体变量指标涵盖了经济发展、城乡发展、创新发展、科技进步、社会管理、生活质量、文化繁荣、公共安全、资源环境、循环经济等众多领域，其具体变量和指标都在不断的修正完善，2015 年的最新指标体系包括了 58 个变量指数 430 个基层指标。利用该指标体系，课题组测算了 1995 年到 2013 年期间全国 31 个省（自治区、直辖市）和主要宏观区

① 梁盛平、潘善斌:《贵安新区绿色发展指数报告(2016)》,社会科学文献出版社2016年版。徐旭：“我国资源型城市绿色发展评价指标研究”，载于《中外企业家》，2014 年第 28 期。

域的可持续发展能力及其变化情况[①]。

二、国内外农业绿色发展相关指数

当前与农业绿色发展相关的研究较多，但明确提出“农业绿色发展”的文献还较少。国外在农业生态、经济和社会等方面的关注较多，并较为突出农业发展经济指标与生态环境指标之间的互动关系。美国环境保护署选取了作物生产力、土地生产力、灌溉水量和水质、农业化学品使用和土地利用等 5 个指标对农业环境进行评价[②]；欧洲共同体选择人均占有耕地面积、土地利用变化、农业能源、化肥及农药使用等 5 个指标进行农业发展状况的监测[③]；英国的农林渔业管理部门从农业耕作管理、农业投入、农业资源使用以及保护农业土地的价值等 5 个方面分析农业的发展变化情况[④]。

国内现有农业发展评价研究主要集中在农业现代化、可持续

① 中国科学院可持续发展战略研究组:《2015 中国可持续发展报告——重塑生态环境治理体系》，科学出版社 2015 版，第 208 页。主要宏观区域包括东部、西部、中部等区域划分，也包括北部沿海地区、东部沿海地区等区域划分，还包括长三角地区、“一带一路”地区等多种划分方式。

② 美国环境署，https://www.epa.gov/。

③ 欧洲共同体，https://ec.europa.eu/eurostat/。

④ 英国农林渔业管理部，https://www.daera-ni.gov.uk/。

发展和农业生态效益等方面。农业现代化概念自20世纪中期在我国提出以后，一直是学术和政策研究的重点，辛岭（2010）[①]、李丽纯（2013）[②]、龙冬平等（2014）[③]等通过不同的方法对全国、区域、省级层面的农业现代化发展水平进行了评估和测算。自1992年世界环境与发展大会提出可持续发展概念以来，农业可持续发展评价一直是研究热点和难点，牛文元（1996）[④]、高鹏（2012）[⑤]等文献通过构建系统化指数对我国总体、省级层面的农业可持续发展能力和水平进行了测评。在生态农业评价方面，高旺盛（2003）[⑥]、潘丹（2013）[⑦]、牛敏杰（2016）[⑧]等文献从综合指数、货币价值评估等视角对农业产业的生态价值和效益进行

① 辛岭、蒋和平："我国农业现代化发展水平评价指标体系的构建和测算"，载于《农业现代化研究》，2010年第06期，第646–650页。

② 李丽纯："后现代农业视角下的中国农业现代化效益水平测评"，载于《农业经济问题》，2013年第12期，第7–14页。

③ 龙冬平、李同昇、苗园园等："中国农业现代化发展水平空间分异及类型"，载于《地理学报》，2014年第2期，第213–226页。

④ 牛文元："中国农业资源的可持续性分析"，载于《自然资源学报》，1996年第04期，第293–300页。

⑤ 高鹏、刘燕妮："我国农业可持续发展水平的聚类评价——基于2000—2009年省域面板数据的实证分析"，载于《经济学家》，2012年第03期，第59–65页。

⑥ 高旺盛、董孝斌："黄土高原丘陵沟壑区脆弱农业生态系统服务评价——以安塞县为例"，载于《自然资源学报》，2003年第02期，第182–188页。

⑦ 潘丹、应瑞瑶："中国农业生态效率评价方法与实证——基于非期望产出的SBM模型分析"，载于《生态学报》，2013年第12期，第3837–3845页。

⑧ 牛敏杰、赵俊伟、尹昌斌等："我国农业生态文明水平评价及空间分异研究"，载于《农业经济问题》，2016年第03期，第17–25页。

了测算。

2015 年党的十八届五中全会首次提出绿色发展理念以来，农业绿色发展理念不断深化，林卿和张俊飚 (2012)、于法稳（2016）[①]、罗必良（2017）[②] 等都对农业绿色发展的概念内涵进行了辨析，但都还属于定性分析。金赛美（2018）[③] 对农业绿色发展评价进行较为全面和系统的研究，构建了由绿色市场、绿色产品、经济发展、生活水平、生态环境等 5 个二级指标构成的农业绿色发展指数，并利用可得数据对 2006 年到 2015 年期间全国层面的绿色发展状况进行了纵向测算，对 2015 年各省的绿色发展情况进行了横向测评，由于全国绿色发展指数与省级层面绿色发展指数指标选择差异，采用了不同的加权方法进行分析。魏胜文等（2018）[④] 构建的农业绿色发展指数，由农业生态环境系统、农业资源利用系统、社会经济发展系统 3 个维度 14 个指标构成，通过德尔菲法、层次分析法确定指标权重，对甘肃省各市州的农业绿色发展情况进行了测评。总体上，由于概念理解、评价方法不同，现有农业绿色发展评价指标体系的指标选择差异较大，没

① 于法稳："习近平绿色发展新思想与农业的绿色转型发展"，载于《中国农村观察》，2016 年第 05 期，第 2-9 页。

② 罗必良："推进我国农业绿色转型发展的战略选择"，载于《农业经济与管理》，2017 年第 06 期，第 8-11 页。

③ 金赛美：《供给侧改革背景下农业绿色发展评价指数研究》，经济管理出版社 2018 年版。

④ 魏胜之、乔德华、张东伟：《甘肃农业绿色发展研究报告》，中国社会科学出版社 2018 年版。

有考虑政府对农业绿色发展的考核要求，尚难以有效体现农业绿色发展的概念实质，也不能够同时实现时间维度和区域维度的比较。

三、国内外现有研究评述

现有关于绿色发展评价的相关研究结果表明，绿色发展的概念形成、测度理论及其应用方法的规范化都是在发展过程中不断完善起来的。特别是在全球气候变化和国际金融危机的影响下，绿色发展理念迅速被世界各国所采用，并建立了一系列评价指标体系监测各国的绿色发展状况，以支持政府科学决策。虽然世界各国对绿色发展概念理解的出发点存在一定差异，发达国家更加关注环境保护，而发展中国家更加关注经济社会发展，但总体上都是要实现经济社会与生态环境的协调发展。在绿色发展评价的理论框架中，虽然实现资源环境价值的货币化度量存在较大的挑战，但是各国都在积极探索；在资源环境保护市场缺失、大量监测数据还不可得的大背景下，采用综合指数评估方法评估绿色发展状况已成为世界各国的共识。在绿色发展评价指标选择方面，国外发达国家更多关注资源环境、社会包容和人类福祉，而国内研究更多关注经济发展。2017 年底，我国政府首次公布的绿色发展评价结果，对于进一步形成研究共识，促进我国绿色发展具有重要的现实意义。但目前仍然存在一些亟待解决的问题，首先是很多指标数据都没有对外公布，属于内部数据，不利于公开监督以进一步修正和完善，也不利于进一步深入分析各指标之间的内在因果逻辑；其次是，当前的指标体系主要适用于国家和区域层面的研究，对于具体行业的研究还较少，同时国际比较研究相对较少，不利于相关经验的总结和推广。

总体上，当前国内外对农业绿色发展的评价研究还处于探索阶段。国外的农业发展评估研究较为突出农业生态、经济和社会等方面价值，特别是农业发展经济指标与生态环境指标之间的互动关系。国内现有农业发展评价研究主要集中在农业现代化、可持续发展和农业生态效益等方面。现有农业绿色发展评价研究主要都是综合指数型评估，由于资源环境问题的复杂性，货币化评估还难以实现。同时，由于概念理解、评价方法选择具有一定的主观性，不同研究的具体指标选择差异较大，也不能够同时实现时间维度和区域维度的比较。

第六章

中国农业绿色发展评价指数和方法

执笔人：张斌、魏琦、金书秦。

推进农业绿色发展是发展观的一场深刻革命，是加快转变农业发展方式、缓解资源环境压力的重大举措，是农业高质量发展的应有之义、乡村振兴的客观需要。2017 年中共中央办公厅、国务院办公厅印发的《关于创新体制机制推进农业绿色发展的意见》指出，要依据绿色发展指标体系，完善农业绿色发展评价指标，适时开展部门联合督查。定量评价是实现科学管理的基础，为此根据农业绿色发展的概念内涵与外延，结合政府考核要求及数据可得性，本章将构建中国农业绿色发展指数评价模型。

一、评价指标选择思路与原则

本研究的一个重要目标是通过构建科学合理的农业绿色发展指数，对我国全国层面和区域层面的农业绿色发展状况进行定量评估，以进一步明确我国农业绿色发展的总体现状、存在的短板及其发展优势，并据此提出相关政策建议，从而推动我国农业发展实现绿色转型。因此，编制中国农业绿色发展指数的基本思路是贯彻落实乡村振兴战略，全面反映农业领域绿色发展理念的本质内涵，牢固树立绿水青山就是金山银山的理念，统筹协调农业发展的经济、社会、文化、生态等多种功能，重点突出“十三五”时期农业绿色发展的约束性指标作用，构建科学合理的农业绿色发展指数测算框架，全面节约集约和高效利用农业生产资源，加大农业生产环境治理力度，筑牢农业生态安全屏障，提升农业绿色供给质量，不断提高我国农业绿色发展的水平和质量，为加快生态文明建设、实现绿色发展发挥积极作用。

针对我国农业发展的特点和目标要求，结合一般评价指数设计原则，构建我国农业绿色发展指数应体现系统性、科学性和可操作性三个原则。

系统性就是充分体现农业绿色发展的概念内涵，突出农业绿色发展的系统目标。农业绿色发展是一项复杂的系统工程，尽管难以包括所有内容，但必须涵盖各领域的主要因素。特别是要落实国家发展规划要求，突出未来发展约束性指标作用。2012 年党的十八大以来，生态文明建设被纳入中国特色社会主义建设“五位一体”总体布局中，并先后印发了《生态文明建设目标评价考核办法》《绿色发展指标体系》和《生态文明建设考核目标体系》；2017 年印发了首个关于农业绿色发展的文件《关于创新体制机制 推进农业绿色发展的意见》。这几个文件是深入理解农业绿色发展概念内涵和发展目标的基础依据，其中提出的发展目标（如表 6–1 所示）需要在评价指标选择中进行充分考虑。

表 6–1　中国农业绿色发展目标

指标	单位	2020 年	2030 年
耕地数量	亿亩	18.65	18
耕地基础地力等级	等别	5.6	6.1
农田灌溉水有效利用系数	—	0.55	0.60
农田灌溉水用量占用水总量比重	%	56	53
农田节水灌溉率	%	64	75
主要农作物化肥利用率	%	40	
主要农作物农药利用率	%	40	
养殖废弃物综合利用率	%	75	95
农作物秸秆综合利用率	%	85	100
农膜回收率	%	80	100
森林覆盖率	%	23	
草原综合植被盖度	%	56	60
基本农田林网控制率	%	95	
粮食（谷物）综合生产能力	亿吨	5.5	

数据来源：2015 年 5 月农业部等部门联合发布的《全国农业可持续发展规划（2015—2030》，以及 2017 年 9 月中央国办印发的《关于创新体制机制推进农业绿色发展的意见》。

科学性就是要立足农业绿色发展的自身规律，采用准确基础数据和科学数据分析方法，突出农业绿色发展指数构建原理的公开透明和评价结果的可复制性。农业绿色发展是一个不断变化的过程，是动态与静态的统一，是当前利益和长远利益的统筹协调，是全国各地区之间资源要素的优化配置，理论上的完备性、科学性和正确性是指数构建的基础前提，指标定义的明确性和评价数据的准确性是指数构建的基本要求，科学合理的数据处理方法是指数构建结果可应用的重要保障。

操作性就是构建的指数易于被决策者乃至公众所理解和接受，易于收集数据，易于量化，具有可比性。农业绿色发展指数是由众多指标构成的一个完整体系，要突出指标体系的层次性和简洁性，选择能够衡量、具有权威性和代表性的关键指标，尽可能简单明了、不重复，便于识别和比较，基础数据需有一定的统计基础，可以直接在实践中客观地测量获取或通过科学方法聚合生成。

二、指标体系及数据来源

本研究将通过“自上而下”与“自下而上”相结合的方法筛选评价指标，以兼顾农业绿色发展的系统性、科学性和可操作性，即首先根据国家生态文明建设和农业现代化发展目标要求，对农业绿色发展指数的元素指标进行系统梳理；其次，结合数据可得性，剔除具有替代性或相关性很强的指标，并进一步征求专家意见，建立较为完善的农业绿色指数评估指标体系。

（一）中国农业绿色发展指数的元素指标

随着我国生态文明建设的深入推进，政府对农业绿色发展越发重视，先后发布了一系列文件，对当前和今后一个时期推进农业绿色发展作出了全面系统部署。特别是2017年中办国办印发的《关于创新体制机制 推进农业绿色发展的意见》，对于理解农业绿色的核心要义和目标具有重要价值。

农业绿色发展的核心要义是统筹协调农业发展的经济效益、社会效益、环境效益和生态效益，即实现资源节约、环境友好、生态保育、质量高效，突出强调农业产地环境、生产过程和农产品均要实现绿色化。资源节约是农业绿色发展的基本特征。长期以来，我国农业高投入、高消耗，资源透支、过度开发。推进农业绿色发展，就是要依靠科技创新和劳动者素质提升，提高土地产出率、资源利用率、劳动生产率，实现农业节本增效、节约增收。环境友好是农业绿色发展的内在属性。农业和环境最相融，稻田是人工湿地，菜园是人工绿地，果园是人工园地，都是“生态之肺”。近年来，农业快速发展的同时，生态环境也亮起了“红灯”。推进农业绿色发展，就是要大力推广绿色生产技术，加快农业环境突出问题治理，重显农业绿色的本色。生态保育是农业绿色发展的根本要求。山水林田湖是一个生命共同体。长期以来，我国农业生产方式粗放，农业生态系统结构失衡、功能退化。推进农业绿色发展，就是要加快推进生态农业建设，培育可持续、可循环的发展模式，将农业建设成为美丽中国的生态支撑。质量高效是农业绿色发展的重要目标。习近平总书记强调，推进农业供给侧结构性改革，要把增加绿色优质农产品供给放在突出位置。当前，农产品供给大路货多，优质的、品牌的还不多，与城乡居民消费结构快速升级的要求不相适应。推进农业绿色发展，就是要增加优质、安全、特色农产品供给，促进农产品供给由主要满足“量”的需求向更加注重“质”的需求转变。

现有政府文件对农业绿色发展的目标任务主要包括四个方面，分别是资源利用更加高效、产地环境更加清洁、生态系统更加稳定、绿色供给能力明显提升。具体的评价指标，大体上可以划分为 7 个一级指标和 38 个二级指标（如表 6–2 所示）。7 个一级指标中除了上述四个主要方面外，还包括促进农村居民绿色生活、有效应对和减少重特大突出事件、提高公众满意程度等。其中，绿色生活指为农村居民提供更加优质的生活质量和环境，更加注重农村人居环境，强调为农村居民提供整洁、干净、便捷、环保的居住条件，不断提高和改善农村居民生活水平，具体包括农村居民人均可支配收入年增长率、农村自来水普及率、农村卫生厕所普及率、农村生活垃圾处理率和农村生活污水处理率等 5 个二级指标，该维度指标与农业绿色发展有一定的相关性，但关联性并不是特别强。在国家绿色发展指标体系中，重特大突发事件是扣分项，具体包括重特大突发生态环境事件和农产品质量安全事件2个二级指标，这是对连续性指标内容的一个重要补充。公众满意度是一种主观感受评价，是评价农业农村绿色发展的重要指标，特别与其他客观指标相对照，能够很好地弥补客观指标体系的一些不足。目前，国家统计体系中只有农村居民对生态环境质量总体满意程度指标，但据此可以进一步衍生出农村居民对农业生产经济效益满意程度、城镇居民对农村生态环境的满意程度、城镇居民对农产品质量的满意程度等相关指标。由于满意度指标主观性较强，容易受政策干扰的影响，目前还不适宜作为政府的考核指标。因此，除公众满意度外的其他六个维度指标，均可纳入政府行为的考核评价目标。

表6–2　中国农业绿色发展指数的元素指标

一级指标	序号	二级指标	计量单位	文件要求
资源节约	1	耕地保有量	亿亩	中办、发改委
	2	土壤有机质含量	克/千克	中办、农业部
	3	农田灌溉水有效利用系数	%	中办、发改委
	4	高标准农田面积比重	%	农业部
环境友好	5	受污染耕地安全利用率	%	发改委
	6	单位耕地面积化肥使用量	千克/公顷	中办、发改委
	7	单位耕地面积农药使用量	千克/公顷	中办、发改委
	8	农作物秸秆综合利用率	%	中办、发改委
	9	农膜回收利用率	%	中办、农业部

续表

一级指标	序号	二级指标	计量单位	文件要求
	10	畜禽粪污综合利用率	%	中办、农业部
	11	病死畜禽专业化无害化处理集中处理率	%	农业部
生态保育	12	森林覆盖率	%	中办、发改委、农业部
	13	森林蓄积量	亿立方米	发改委
	14	草原综合植被覆盖度	%	中办、发改委、农业部
	15	天然草原草畜平衡率	%	农业部
	16	湿地保护率	%	中办、发改委、农业部
	17	可治理沙化土地治理率	%	发改委、农业部
	18	农田林网控制率	%	中办、农业部
	19	农业用水功能区水质达标率	%	农业部
绿色供给	21	粮食产能	亿吨	中办
	22	休闲农业和乡村旅游	亿元	中办
	23	畜禽养殖规模化率	%	农业部
	24	水产养殖规模化率	%	农业部
	25	“三品一标”年均增长率	%	中办、农业部
绿色生活	27	农村居民人均可支配收入年增长率	%	农业部
	29	农村自来水普及率	%	发改委
	30	农村卫生厕所普及率	%	发改委
	31	农村生活垃圾处理率	%	农业部
	32	农村生活污水处理率	%	农业部
重特大突发事件	33	重特大突发环境事件、造船恶劣社会影响的其他环境污染、生态破坏责任事件发生情况	扣分项	发改委
	34	重特大农产品质量安全事件发生情况	扣分项	中办

续表

一级指标	序号	二级指标	计量单位	文件要求
公众满意程度	35	农村居民对生态环境质量总体满意程度	%	发改委
	36	农村居民对农业生产经济效益满意程度	%	—
	37	城镇居民对农村生态环境的满意程度	%	—
	38	城镇居民对农产品质量的满意程度	%	—

注："中办"表示2017年中办国办印发的《关于创新体制机制 推进农业绿色发展的意见》，"发改委"表示由国家发展改革委联合其他部门印发的《绿色发展指标体系》和《生态文明建设考核目标体系》，"农业部"表示2016年由农业部联合其他部门印发的《国家农业可持续发展试验示范区建设方案》及其考核体系。

因此，在现有政府要求的目标任务中，推进农业绿色发展，最重要的还是资源、环境、生态和绿色供给四个方面。其中，资源节约方面包括耕地保有量、土壤有机质含量、农田灌溉水有效利用系数和高标准农田面积比重4个二级指标，突出农业土地和用水资源的数量与质量，并明确要求"到2020年，严守18.65亿亩耕地红线，全国耕地质量平均比2015年提高0.5个等级，农田灌溉水有效利用系数提高到0.55以上"。环境友好方面包括受污染耕地安全利用率、单位耕地面积化肥使用量、单位耕地面积农药使用量、农作物秸秆综合利用率、农膜回收利用率、畜禽粪污综合利用率和病死畜禽专业化无害化处理集中处理率等7个二级指标，强调农业生产过程的环境污染治理，并明确要求"到2020年，主要农作物化肥、农药使用量实现零增长，化肥、农药利用率达到40%；秸秆综合利用率达到85%，养殖废弃物综合利用率达到75%，农膜回收率达到80%”。生态保育方面包括森林覆盖率、森林蓄积量、草原综合植被覆盖度、天然草原草畜平衡率、湿地保护率、可治理沙化土地治理率、农田林网控制率、农业用水功能区水质达标率等8个二级指标，强调农业系统的生态保持功能，并明确要求“到2020年，全国森林覆盖率达到23%以上，湿地面积不低于8亿亩，基本农田林网控制率达到95%，草原综合植被盖度达到56%。”绿色供给方面包括粮食产能、休闲农业和乡村旅游、畜禽养殖规模化率、水产养殖规模化率、“三品一标”年均增长率等5个二级指标，重点突出农业发展的质量效益，并明确要求“到2020年，全国粮食（谷物）综合生产能力稳定在5.5亿吨以上，农产品质量安全水平和品牌农产品占比明显提升，休闲农业和乡村旅游加快发展”。

（二）中国农业绿色发展指数指标体系

政府文件规定的一系列指标，只能作为基础性的元素指标，并不能直接作为指标体系的构成指标，特别是构建全国和区域通用的农业绿色发展指标体系时。如耕地保有量等总量指标由于地区差异较大，需要进一步转为为结构指标或者比例指标，才能具有可比性。此外，由于上述目标任务中有很多指标尚未有完整的公开数据，因此也只能舍弃。在初步建立农业绿色发展指数的评估指标体系后，课题组专门召开了专家咨询会，请国内绿色发展评估研究方面的专家提出修改意见，修改完善后又以通讯咨询的方式征求相关领域权威专家的意见。该指标体系还在多个研讨会上作专题报告，充分吸收与会专家的点评意见。经过多轮讨论和比较研究，最终形成了本研究的评价指标体系（如表 6–3 所示）。

根据农业绿色发展的概念实质，结合政府对资源、环境、生态和供给四个方面的目标任务要求，本研究确定的中国农业绿色发展指数指标体系共包含四个一级指标，分别是资源节约、环境友好、生态保育和质量高效，即反映农业绿色发展最核心的四方面要求。其中，资源节约项包括 4 个二级指标，强调降低水土资源利用强度，提高资源利用效率；环境友好项包括 4 个二级指标，反映农业面源污染情况；生态保育项包括 3 个二级指标，体现农业生态保持程度；质量高效项包括 3 个二级指标，强调农业发展的品牌价值和质量效益。14 个二级指标的基础数据，均可从《中国农业统计年鉴》《中国农村统计年鉴》《中国环境年鉴》《中国品牌农业年鉴》《中国休闲农业年鉴》等年鉴资料获得。

表 6–3　中国农业绿色发展指数指标体系

一级指标	序号	二级指标	计量单位	指标类型	指标含义
资源节约	1	耕地复种指数	—	负向	降低土地资源利用强度
	2	单位农业产值耗水量	吨 / 万元，2016 年价格	负向	降低水资源利用强度
	3	耕地数量年均增长率	%	正向	确保耕地红线不突破
	4	节水灌溉面积比重	%	正向	提高节水设施利用程度
环境友好	5	农药使用强度	千克 / 公顷	负向	降低农药使用强度
	6	化肥使用强度	千克 / 公顷	负向	降低化肥使用强度
	7	农业 COD 排放强度	克 / 立方米	负向	降低农业废弃物排放
	8	农业氨氮排放强度	克 / 立方米	负向	降低农业废弃物排放
生态保育	9	自然保护区面积比重	%	正向	加强自然生态环境保护
	10	湿地面积比重	%	正向	加强湿地环境保护
	11	森林覆盖率	%	正向	提高生态保育度
质量高效	12	单位面积绿色食品标识产品数量	个 / 万公顷	正向	提升产品品牌质量
	13	休闲农业产值占农业总产值比重	%	正向	提高农业三产融合程度
	14	农村居民人均收入	元，2016 年价格	正向	保障农民生活质量

（三）具体指标解释及数据来源

明确各指标含义及其测算方法，既有助于实际评估应用，也有助于进一步理解农业绿色发展指标体系的各级指标内涵。因此，对四个维度下面的 14 个二级指标，下文进行了具体解释说明。

1. 耕地复种指数

复种指数是指一定时期内（一般为 1 年）在同一地块耕地面积上种植农作物的平均次数，是衡量土地资源利用强度的重要指标。该指标属于负向指标，即促进农业绿色发展，就是要提高土地资源利用效率，降低土地利用强度，为后续的可持续发展留足发展空间。耕地复种指数指标的具体计算公式如下：

耕地复种指数 = 播种面积 / 耕地面积

其中，播种面积和耕地面积数据均可从《中国农业统计年鉴》获得。

2. 单位农业产值耗水量

农业用水包括农田灌溉用水、林果地灌溉用水、草地灌溉用水、鱼塘补水和畜禽用水。对于一个区域总体而言，年均降水总量相对有限，只有提高水资源利用效益，降低水资源利用强度，才能推进农业的绿色可持续发展。单位农业产值耗水量即为农业用水总量与农业总产值的比重，与经常使用的能源强度概念类似，该指标的具体计算公式如下：

单位农业产值耗水量 = 农业用水总量 / 农业总产值

其中，农业用水总量和农业总产值数据均来源于《中国统计年鉴》，也可直接在国家统计局数据库获得，农业总产值需按不变价格水平进行调整。

3. 耕地数量年均变化率

耕地数量，即耕地保有量，指一定区域内的耕地总面积数量。耕地是农业发展的基础，为了保障国家粮食安全，必须坚守国家耕地红线。为便于区域比较，本研究采用年均变化率指标，属于正向指标，即随着耕地数量的增加，农业绿色发展的基础就更加坚实，绿色发展水平也相对更高。耕地数量年均变化率指标的具体计算公式如下：

耕地数量年均变化率 =（当年耕地数量 - 去年耕地数量）/ 去年耕地数量 ×100

其中，当年耕地数量和去年耕地数量均来源于各年份的《中国农业统计年鉴》。

4. 节水灌溉面积比重

节水灌溉是最大限度提高单位灌溉水量农作物产量的一种灌溉措施，包括渠道防渗、低压管灌、喷灌、微灌等多种形式。节水灌溉面积比重是节水灌溉面积与农业灌溉总面积之比，反映节水设施强度，是一个重要的资源节约利用指标。节水灌溉面积比重指标的具体计算公式如下：

节水灌溉面积比重 = 节水灌溉面积 / 农业灌溉总面积 ×100

其中，节水灌溉面积和灌溉面积数据均来源于各年份的《中国环境统计年鉴》。

5. 农药使用强度

农药是用于防治病虫害及调节植物生长的化学药剂，对于促进农业增产增收发挥了重要作用，但由于农药的大量使用，对农业资源环境造成了严重污染。促进农药使用量零增长是农业绿色发展的重要目标，采用生态控制、物理防治、生物防治等绿色防控技术可以有效降低农药使用总量。农药使用强度，为当年农药使用总量与耕地面积总量之比，即单位面积上的农药使用量，该指标比总量指标更具有区域可比性。农药使用强度指标的具体计算公式如下：

农药使用强度 = 农药使用总量 / 耕地总面积

其中，农药使用总量数据来源于各年份的《中国统计年鉴》，耕地总面积数据来源于《中国农业统计年鉴》。

6. 化肥使用强度

农用化肥包括磷肥、氮肥、钾肥和复合肥，含有农作物生长需要的一种或几种营养元素，是十分重要的农业生产资料。但由于长期大量使用，进入土壤中的化肥，一部分未被作物吸收利用和未被根层土壤吸收固定，在土壤根层以下积累或转入地下水，会对土壤、农产品、水体和大气造成污染。使用秸秆、动物粪便、绿肥等传统农家肥，采用测土配方施肥技术，都可以减少化肥的使用，降低对环境的污染。化肥使用强度，即单位耕地面积上化肥使用量，是反映农业生存环境的一个重要指标。其具体计算公式如下：

化肥使用强度 = 化肥使用总量 / 耕地总面积

其中，化肥使用总量数据来源于各年份的《中国统计年鉴》，耕地总面积数据来源于《中国农业统计年鉴》。

7. 农业 COD 排放强度

化学需氧量（Chemical Oxygen Demand，COD）是以化学方法测量水样中需要被氧化的还原性物质的量，是衡量水体污染的重要指标。农业 COD 排放量即为畜禽养殖业、水产养殖业和种植业的 COD 排放量之和，但一般主要来源于畜禽养殖业。农业 COD 排放强度是农业 COD 排放总量与当年地表水总量之比，反映地区农业生产环境污染状况。具体计算公式如下：

农业 COD 排放强度 = 农业 COD 排放总量 / 年度地表水总量

其中，农业 COD 排放总量数据源于各年份的《中国环境统计年鉴》，地表水总量数据来源于《中国统计年鉴》。

8. 农业氨氮排放强度

氨氮两种营养元素是目前造成我国河流湖泊富营养化的直接因素，所以氨氮排放量也是衡量水体污染的重要指标。农业氨氮排放自于畜禽养殖业、种植业、水产养殖业等各子行业，但主要来自畜禽养殖业的粪污处理和种植业中的化肥使用。农业氨氮排放强度是农业氨氮排放总量与当年地表水总量之比，可以反映区域农业生产环境污染状况。农业氨氮排放强度指标的具体计算公式如下：

农业氨氮排放强度 = 农业氨氮排放总量 / 年度地表水总量

其中，农业氨氮排放总量数据源于各年份的《中国环境统计年鉴》，地表水总量数据来源于《中国统计年鉴》。

9. 自然保护区面积比重

自然保护区是生态资源保护的重要载体，是有代表性的自然生态系统、珍稀濒危野生动植物物种、有特殊意义的自然遗迹等保护对象的集中分布区域。自然保护区保留了一定面积的各种类型的生态系统，可以为子孙后代留下天然的"本底"。自然保护区面积比重指标是自然保护区面积占区域总面积的比重，属于正向指标，该指标越高，说明区域内的自然生态环境保护程度较高，其具体计算公式如下：

自然保护区面积比重 = 自然保护区面积 / 区域总面积 $\times 100$

其中，自然保护区和区域总面积数据均来源于各年份的《中国统计年鉴》。

10. 湿地面积比重

湿地是人类珍贵的自然资源，也是自然界富有生物多样性和较高生产力的重要生态系统，在抵御洪水、调节气候、涵养水源、降解污染物、应对气候变化、维护全球碳循环和保护生物多样性等方面，发挥着不可替代的重要作用。保护湿地是保护生态环境的重要形式，湿地保护已成为我国生态文明建设的主战场之一。湿地面积比重指区域内湿地面积占区域总面积的比重，该指标数据可以直接从《中国统计年鉴》获得。

11. 森林覆盖率

森林覆盖率是指一个地区森林面积占区域总面积的比重，反映了地区森林资源丰富程度和绿色实现程度。森林具有重要的生态环境功能，对于农业生态保护具有重要影响。该指标可以直接从《中国统计年鉴》获得。

12. 单位面积绿色食品标识产品数量

绿色食品标志是由绿色食品发展中心在国家工商行政管理总局商标局正式注册的质量证明标志，是高质量农产品的证明商标。推进农业高质量发展，就是要加快培育更多的绿色食品标识产品，实现质量兴农、品牌强农。单位面积绿色食品标识产品数量是当年区域内有效绿色食品标识产品与区域总面积之比，反映农业品牌发展状况。其具体计算公式如下：

单位面积绿色食品标识产品数量 = 当年有效用标产品总量 / 区域总面积

其中，当年有效用标产品总量数据来源于《中国品牌农业年鉴》，区域总面积数据来源于《中国统计年鉴》。

13. 休闲农业产值占农业总产值比重

休闲农业作为横跨农村一二三产业的新兴产业，既是传承农耕文明、弘扬传统文化的重要举措，保护生态环境、建设美丽乡村的有效手段，也是提高农业效益、增加农民收入、培育农村发展新动能的有效途径。休闲农业产值占农业总产值比重，反映了三产融合程度，体现农业的供给质量和效益。具体计算公式如下：

休闲农业产值占农业总产值比重 = 休闲农业产值 / 农业总产值 $\times 100$

其中，休闲农业产值数据来源于《中国休闲农业年鉴》，农业总产值数据来源于《中国统计年鉴》。

14. 农村居民人均收入

收入是农民生活质量的基本保障。推进农业绿色发展，必须坚持环境效益与经济效益协同发展，切实提高农村居民的生活水平。该指标数据直接来源于《中国农村统计年鉴》，其中价格水平需要调整为固定不变价格，以消除物价指数的影响。

三、指标权重及评价模型

指数构建中，除了指标选择，同样十分重要的是指标权重的确定，即评价方法的选择。随着信息技术的深入发展，指标权重的确定方法呈现出多样化趋势，既有层次分析法、德尔菲法等主观赋权方法，也有熵权法、变异系数法、主成分分析等客观赋权方法[①]。主观赋权评估法，即采用定性的方法，由专家根据经验进行主观判断而得到权数，然后再对指标进行综合评估，如层次分析法、德尔菲法、环比倍乘评分法、序相关分析法等。其中层次分析法和德尔菲法是实际应用中使用最多的方法，这两种方法可以将复杂问题层次化，将定性问题定量化。客观赋权法，即根据历史数据研究指标之间的相关关系或指标与评估结果之间的关系来进行综合评估，主要包括熵权法、主成分分析法、变异系数法、Topsis 方法等。其中熵权法应用得最为广泛，这种赋权法所使用的数据是决策矩阵，所确定的属性权重反映了属性值的离散

① 徐国祥主编:《统计指数理论及应用》，中国统计出版社 2009 年版。

程度。客观赋权法根据指标的历史信息来确定权重，可以尽量降低人为因素的影响，权重结果具有很强的客观性。主客观结合的方法，针对主观权重确定方法和客观权重确定方法的优缺点，学者们又提出了主客观相结合的组合赋权方法。

综合比较各种权重确定方法的优劣，并反复征求该领域内的专家意见后，本研究最终确定采用等权重的主观赋权法，即参照全球人类发展、绿色发展等指数构建方法[①]，采用等权重的赋权方式，一级指标的权重均为1/4，各二级指标权重根据对应项目内的指标数量均分其一级指标权重。在多指标评价体系中，由于各评价指标的性质和计量单位差异较大，需要对各指标数据进行标准化处理，以消除不同指标量纲的影响。参考国内外较为常用评价指标体系的数据标准化方法，本研究采用极值标准化方法[②]，确定极大值和极小值之后，即可将指标评估值转换到0~1之间。采用极值法主要是考虑到该方法操作简单、便于理解，而且极值具有参照系作用，以此为基准，能够同时进行横向和纵向比较。各指标的标准化公示如下所示。

① UNDP. Human Development Report 2016: Human Development for Everyone, 2016.

② 李晓西、刘一萌、宋涛："人类绿色发展指数的测算"，载于《中国社会科学》，2014年第06期，第69-95页。

$$Y_{ij}=\begin{cases}(X_{ij}-X_{i,\min})/(X_{i,\max}-X_{i,\min}) & \text{if} \quad X_{ij}\in R^{+}\\(X_{i,\max}-X_{ij})/(X_{i,\max}-X_{i,\min}) & \text{if} \quad X_{ij}\in R^{-}\end{cases}$$

$$(i=1,2,\cdots,m;\ j=1,2,\cdots,n)$$

其中，X_{ij} 为第 j 年或 j 地区第 i 个指标的基础数据，Y 是指标 X 经过无量纲后的评估系数。正向指标采用上述公式中第一个等式进行标准化，负向指标采用第二个等式进行标准化。因此，对于任何一个指标，评估系数越大，其对农业绿色发展指数的贡献越大，促进农业绿色发展的作用更强。因为本研究主要测算全国层面及各省级层面农业绿色发展状况，所以其中的最大值、最小值综合考虑指标含义及各省区对应指标的最大值与最小值后确定，具体结果参见表 6-4。理论上，极值的确定对于单一指标的排序没有任何影响，但对多维指标加权后的最终指数排名可能会产生一定影响。为此，根据省级层面各指标的离散分布情况，对耕地复种指数和耕地数量年均增长率这两个离差较小的指标外，其他指标都采用其对数形式进行标准化处理，这在一定程度上可以消除各指标基础数据值的差异化程度，从而确保各指标达到等权重的目标。另外，本研究还利用现有文献中广泛使用的熵值权重法对研究结果的可靠性和稳健性进行了检验[①]。

确定标准化方式和加权权重后，即可计算农业绿色发展指数的综合得分值。

$$Z_j = \sum (w_i Y_{ij} / 100)$$

其中，w 表示第 i 项指标的权重，Z 表示最终指数得分，最高为 1，最低为 0，得分值越高，农业绿色发展水平越高。

表 6–4　中国农业绿色发展指标体系的权重及标准化极值

一级指标	序号	二级指标	计量单位	最大值	最小值	等权重法确定的权重	熵权法确定的权重
资源节约	1	耕地复种指数	—	3	0.5	6.25	8.92
	2	单位农业产值耗水量	吨 / 万元，2016 年价格	5500	200	6.25	8.06
	3	耕地数量年均增长率	%	1	–2.5	6.25	8.70
	4	节水灌溉面积比重	%	100	0	6.25	10.50
环境友好	5	农药使用强度	千克 / 公顷	50	0	6.25	3.90
	6	化肥使用强度	千克 / 公顷	1100	100	6.25	4.01
	7	农业 COD 排放强度	克 / 立方米	150	0	6.25	6.87
	8	农业氨氮排放强度	克 / 立方米	6	0	6.25	9.38

① 熵值权重法是根据指标所包含的信息差异来确定权重，也能在一定程度上抵消极值对权重确定的影响。

续表

一级指标	序号	二级指标	计量单位	最大值	最小值	等权重法确定的权重	熵权法确定的权重
生态保育	9	自然保护区面积比重	%	35	0	8.33	7.05
	10	湿地面积比重①	%	35	0	8.33	6.43
	11	森林覆盖率	%	70	0	8.33	9.80
质量高效	12	单位面积绿色食品标识产品数量	个 / 万公顷	15	0	8.33	3.41
	13	休闲农业产值占农业总产值比重	%	20	0	8.33	4.63
	14	农村居民人均收入	元，2016 年价格水平	26000	3000	8.33	8.34

注：① 2016 年上海市湿地面积比重达到 73.2%，远高于其他省区，为缩小该指标的区域差异，将湿地面积比重指标的极大值设定为 35%，因此上海市该项指标的标准化得分为 1。

第七章

中国农业绿色发展指数测算及区域比较

执笔人：张斌、魏琦、金书秦。

党的十八大以来，党中央、国务院对农业绿色发展重视程度不断提升。以绿色发展为导向，从农业资源保护和高效集约利用、农业面源污染治理、农业生态恢复保育、农产品质量安全及农村环境综合治理等各个方面，国家先后出台了一系列促进农业绿色发展的重要法律法规和规范性政策文件。本章将应用研究构建的农业绿色发展指数定量测度近年来的发展变化，找出短板，并进行区域比较。

一、全国农业绿色发展评估

（一）全国农业绿色发展总体状况

评估结果表明，2012 年以来全国农业绿色发展水平取得了显著提升。全国农业绿色发展指数综合得分呈稳定增长态势，由

2012 年的 0.599 上升到了 2016 年的 0.642，累计提高 0.043，年均提高 0.011（参见表 7–1）①。

表 7–1　2012—2016 年全国农业绿色发展指数得分

指标维度	指标名称（权重）	2012 年	2013 年	2014 年	2015 年	2016 年
一级指标	资源节约（0.25）	0.188	0.190	0.190	0.192	0.193
	环境友好（0.25）	0.142	0.141	0.141	0.142	0.146
	生态保育（0.25）	0.168	0.168	0.168	0.168	0.168
	质量高效（0.25）	0.101	0.110	0.120	0.128	0.136
综合指数	综合得分（1.00）	0.599	0.609	0.619	0.630	0.642

农业绿色发展四个重要维度的得分情况显示，资源节约指标得分较高，而质量高效指标得分较低，环境友好和生态保育两项指标得分居中。2012 年到 2016 年期间，全国资源节约指标均值为 0.191，质量高效指标均值仅 0.119，两者相差了 0.072；环境友好和生态保育指标得分均值分别为 0.142 和 0.168。该结果说明，农业供给质量效益是我国农业绿色发展的短板，需要进一步深入推进农业供给侧结构性改革，坚持质量兴农、绿色兴农，加快将农业的生态环境优势转化为经济效益优势。

四个重要维度指标得分的变化趋势并不完全一致。总体来

① 熵值权重法测算结果显示，全国农业绿色发展指数综合得分由 2012 年的 0.672 上升到了 2016 年的 0.701。等权重法和熵值权重法测算结果的相关系数高达 0.99，这说明两种方法虽然加权方式不同，但是结果基本一致，只是总体得分值略有差。

看，资源节约指标呈现高水平稳定增长态势，供给高效指标呈现低水平快速增长态势，生态保育指标总体维持稳定，环境友好指标呈先下降后上升态势。

全国农业资源节约状况稳步提升。2012 年到 2016 年期间，资源节约指标得分由 0.188 提高到了 0.193，累计提高 0.005。长期以来，我国人多地少，资源利用强度高，但随着农业生产方式的加快转变和产业结构的优化升级，2012 年以来农业资源利用效率逐步提升，资源利用强度加重的趋势有所放缓。

全国农业环境污染加重的趋势得到初步控制。在 2013 年和 2014 年期间，环境友好指标得分下降到最低点，之后开始逐渐提高，2016 年相比于 2012 年提高了 0.004，总体略有改善。2015 年原农业部出台了《关于打好农业面源污染防治攻坚战的实施意见》，农业环境治理力度不断强化，面源污染攻坚战深入实施，并取得了明显成效。

全国农业生态状况维持基本稳定。从生态保育指标得分来看，5 年间一直保持在 0.168。这主要是生态保育项的二级指标数据主要是多年的普查数据，数据更新较慢，而且本身波动较小，因此需要更长的时间才能更好地反映该项指标变化。事实上，2011 年到 2015 年期间，我国新一轮退耕还林还草 1500 万亩，全国共完成造林 4.5 亿亩，森林覆盖率已提高到 21.66%。

全国农业供给质量效益显著提升。质量高效指标得分呈现出快速增长态势，由 2012 年的 0.101 提高到了 2016 年的 0.136，累计提高 0.035，对综合得分的增长贡献率达到了 76%。可以说，党的十八大以来，农业供给效率得到了显著提高，农民生活水平和质量得到了持续改善。

（二）四个重要维度指标的变化原因分析

利用二级指标数据，可以进一步深入分析四个重要维度指标的变化原因。2012—2016 年期间，全国农业绿色发展指数的各二级指标数据及其标准化结果如表 7–2 所示。

资源节约项的 4 个二级指标结果显示，农业资源利用强度继续提升，利用效益不断提高。其中，耕地复种指数进一步提升，由 2012 年的 1.21 上升到了 2016 年的 1.23；耕地数量持续减少，除 2013 年耕地数量有所提高外，其他年份耕地数量均保持下降态势；节水灌溉比重由 2012 年的 40.17% 提高到 48.92%，不断提升；水资源利用效益明显提升，每万元农业产值的耗水量由 2012 年的 403 吨下降到 336 吨。上述结果表明，农业资源利用效益的大幅度提高有效弥补了资源利用强度的提升，从而实现资源节约项指标得分稳定增长。

环境友好项的 4 个二级指标均表现出明显的“倒 U 形”变化趋势。农药使用强度指标在 2014 年达到峰值，2015 年开始下降，特别是 2016 年下降到 12.9 千克 / 公顷，降幅较大；化肥使用强度在 2015 年达到峰值，2016 年下降到 2014 年水平，约为 444 千克每公顷，但仍远高于国际公认的安全施用量 225 千克；农业化学需氧量和氨氮排放强度均在 2014 年左右达到峰值，并都在 2016 年实现了大幅度下降。长期以来，我国农药化肥的使用效率低、强度高，这是两项指标得分相对较低的主要原因。

生态保育项的 3 个二级指标变化较小。其中，自然保护区面积比重呈现"U 形"变化趋势，在 2013—2015 年期间略有下降；2009 年到 2013 年开展全国湿地资源调查以来，湿地面积情况一直未有更新，同样，全国第八次森林资源清查（2009—2013）以来，森林资源数据尚未得到更新，森林覆盖率指标只是在 2013 年略有提升。生态修复和环境改善是生态文明建设的核心内容，需要一个长期的发展过程。

质量高效项的 3 个二级指标均实现了显著提升。其中，有效用标绿色食品的产品总数由 2012 年的 17125 个提高到 2016 年的 24027 个，增长了 40%，对应的绿色食品标识密度由每万公顷 1.27 个提高到 1.78 个；休闲农业营业收入由 2012 年的 2400 亿元提高到 2016 年的 5700 亿元，提高了 1.4 倍，对应的休闲农业产值比重由 2.68% 提高到 5.09%；农村居民人均可支配收入增幅连续高于城镇居民，由 2012 年的 8569 元提高到 2016 年的 12363 元，实际增长 44%。2012 年农业供给高效得到了显著提升，但是总体得分仍然较低，特别是绿色标识产品密度还相对较低，需要进一步加强农业品牌建设。

表 7-2　2012—2016 年全国农业绿色发展指数各二级指标得分

指标	2012	2013	2014	2015	2016	五年平均
耕地复种指数	0.716	0.713	0.710	0.707	0.706	0.710
单位农业产值耗水量	0.788	0.797	0.813	0.826	0.843	0.814
耕地数量年均增长率	0.697	0.715	0.692	0.702	0.698	0.701
节水灌溉面积比重	0.802	0.815	0.826	0.837	0.845	0.825
农药使用强度	0.337	0.338	0.337	0.340	0.346	0.340
化肥使用强度	0.390	0.385	0.378	0.376	0.379	0.382
农业 COD 排放强度	0.676	0.671	0.671	0.680	0.707	0.681
农业氨氮排放强度	0.871	0.869	0.870	0.877	0.896	0.877
自然保护区面积比重	0.760	0.758	0.758	0.758	0.760	0.759
湿地面积比重	0.529	0.529	0.529	0.529	0.529	0.529
森林覆盖率	0.723	0.724	0.724	0.724	0.724	0.724
单位面积绿色食品标识产品数量	0.295	0.317	0.346	0.363	0.369	0.338
休闲农业产值占农业总产值比重	0.435	0.444	0.504	0.545	0.603	0.506
农村居民人均收入	0.486	0.555	0.595	0.628	0.656	0.584

注：各二级指标得分即基础数据的标准化处理结果。

因此，2012 年到 2016 年期间，环境友好、生态保育、质量高效这三个维度的二级指标的变化趋势与其一级指标变化趋势一致。其中，环境友好指标呈先下降后上升态势，生态保育指标总体维持稳定，质量高效指标呈现低水平快速增长态势。资源节约项的二级指标中资源利用强度指标持续下降，资源利用效率指标不断提高，但总体呈现高水平稳定增长态势。

二、各省区市农业绿色发展评估

（一）各地农业绿色发展总体状况

各省级地区的农业绿色发展指数综合得分如图 7–1 所示。其中，浙江省的综合得分最高，其次是上海、四川、青海等 3 省市；河南省的综合得分最低，宁夏、山东、河北、山西、新疆等 5 省区的综合得分也较低；其他 21 个省区市居中[①]。

2016 年 31 个省级地区中，综合得分最高的浙江省达到了 0.705，是得分唯一超过 0.7 的地区。浙江省是全国唯一整省推进的国家农业可持续发展试验示范区，首批农业绿色发展试点先行区，全国首个现代生态循环农业试点省，在推进农业面源污染防治、农业一二三产融合等方面取得了显著成就。2010 年浙江省农药使用总量开始持续下降，2014 年化肥使用总量开始下降；截至

① 熵值权重法测算结果与等权重法测算结果总体一致，相关系数达到 0.92，也是浙江最高、河南最低。因此，这里只介绍等权重法结果，如读者对熵值权重法结果感兴趣，可向作者索要。

2017 年，浙江省拥有全国休闲农业与乡村旅游示范县 24 个，居全国第一。生态保育方面，浙江的得分较低，排在全国第 20 位，主要是自然保护区面积比重为全国最低，仅 1.7%，但其森林覆盖率达到了 59.1%，湿地面积比重达到 10.91%，均相对较高。从各维度的排序来看，均衡发展是浙江总体得分较高的主要原因。

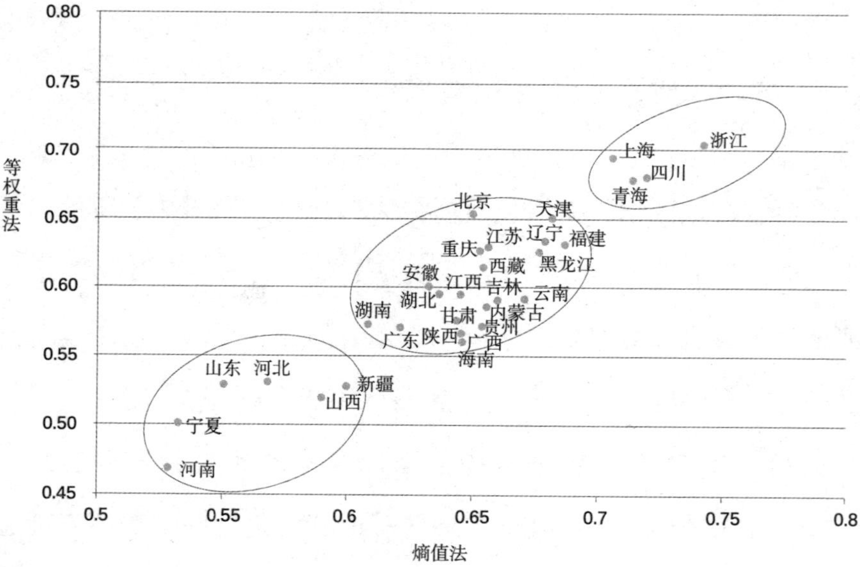

图 7–1　各省农业绿色发展指数得分聚类结果

河南省的综合得分最低，为 0.468，是得分唯一低于 0.5 的地区。河南是全国农业大省，但是其农业面源污染问题非常突出，化肥使用总量达到 715 万吨，远高于其他地区；施用强度达到了 881.5 千克 / 公顷，仅次于广东省和福建省。另外，河南省的自然保护区和湿地面积比重均较低，都不足5%，森林覆盖率也仅为21.5%，相对较低。

此外，青海省虽然在农业质量高效方面的表现并不突出，但在环境友好方面的表现十分突出，因此综合得分相对较高。四川省在环境和生态方面的表现均优于浙江省，但其在质量高效方面与浙江存在较大差异，其品牌发展不够、农村居民收入水平相对较低。江西是全国唯一的“全国绿色有机农产品示范基地试点省”，近年来积极发展绿色生态农业，但其在资源节约方面的得分仍然相对较低，耕地利用强度过高、水资源利用效益偏低，同时质量高效方面也有待进一步提高，绿色产品品牌密度相对较低、休闲农业产值比重不高，因而总体排名在31个省区中处于居中位置。

（二）各地四维度指标差异分析

农业绿色发展指数是一个综合性评价体系，单一方面的优良表现并不能保证该地区在其他方面也具有领先优势。从各一级指标的得分差异可以看出各地区之间的农业绿色发展差异。4个一级指标的得分均值显示，资源节约和生态保育项得分相对较高，而供给高效和环境友好项得分相对较低，与全国总体情况一致。这也说明，农业供给质量高效和农业环境治理是我国农业绿色发展的短板，需要加快补齐。

表 7–3　31 个省区农业绿色发展指数一级指标得分的描述性统计结果

指标名称	均值	标准差	最小值	最大值
综合得分（1.00）	0.594	0.057	0.468	0.705
资源节约（0.25）	0.178	0.018	0.141	0.204
环境友好（0.25）	0.136	0.040	0.039	0.228
生态保育（0.25）	0.157	0.020	0.115	0.199
质量高效（0.25)	0.124	0.050	0.054	0.239

1. 资源节约状况评估

资源节约项得分较高的地区是陕西和辽宁，均超过了 0.2 ，即达到该项指标总分的 80%；得分较低的地区是江西、广东、西藏和湖南 4 省区，均低于 0.15，即不到该项指标总分的 60%；其他 25 个地区居中。

其中，陕西的资源节约项得分最高，湖南最低，分别为 0.204 和 0.141，相差了 0.063。湖南省的耕地复种指数达到了 2.12，其对应指标得分为 0.352，该二级指标得分全国最低，较西藏的 0.968 低了 0.616。湖南也是全国唯一一个复种指数超过 2 的地区，可见其土地利用强度之高。另外，其节水灌溉面积只占灌溉总面积的 11%，相对较低。陕西省的耕地复种指数仅为 1.07，节水灌溉面积比重达到了 72.5%，土地利用强度相对较低，资源利用效率相对较高。

表 7–4　各地区资源节约项及其构成指标得分

地区	资源节约项得分（0.25）	耕地复种指数	单位农业产值耗水量	耕地数量年均增长率	节水灌溉面积比重
陕西	0.204	0.771	0.894	0.674	0.930
辽宁	0.200	0.873	0.751	0.698	0.875
山西	0.197	0.833	0.731	0.700	0.893
天津	0.196	0.761	0.729	0.718	0.935
内蒙古	0.196	0.858	0.519	0.776	0.979
甘肃	0.195	0.883	0.604	0.701	0.935
河北	0.194	0.665	0.814	0.692	0.936
山东	0.193	0.623	0.873	0.699	0.886
浙江	0.190	0.739	0.705	0.658	0.937
四川	0.188	0.622	0.776	0.721	0.883
北京	0.187	0.920	0.781	0.323	0.972
贵州	0.187	0.706	0.879	0.669	0.737
云南	0.186	0.738	0.700	0.711	0.821
吉林	0.185	0.875	0.605	0.690	0.788
青海	0.183	0.819	0.440	0.762	0.908
上海	0.181	0.582	0.522	0.853	0.942
河南	0.181	0.486	0.905	0.732	0.769
福建	0.178	0.503	0.741	0.715	0.884
黑龙江	0.178	0.886	0.488	0.707	0.761
海南	0.175	0.744	0.738	0.590	0.735
新疆	0.175	0.750	0.242	0.866	0.946
广西	0.173	0.641	0.565	0.668	0.898
宁夏	0.171	0.804	0.336	0.685	0.904
江苏	0.170	0.528	0.610	0.691	0.888

续表

地区	资源节约项得分（0.25）	耕地复种指数	单位农业产值耗水量	耕地数量年均增长率	节水灌溉面积比重
湖北	0.161	0.602	0.743	0.661	0.574
安徽	0.160	0.594	0.618	0.688	0.664
重庆	0.154	0.595	0.969	0.150	0.750
江西	0.149	0.478	0.495	0.709	0.706
广东	0.145	0.459	0.621	0.624	0.615
西藏	0.142	0.968	0.020	0.816	0.473
湖南	0.141	0.352	0.669	0.704	0.529

2. 环境友好状况评估

西藏、青海和贵州三地的环境友好项得分均超过了 0.2，达到该项指标总分的 80% 以上；得分最低的地区是北京、河南和山东，均低于 0.10，不到该项指标总分的 40%；其他 25 个地区居中。

环境友好项得分最高的是西藏自治区，最低的是山东省，分别为 0.228 和 0.039，相差了 0.189，差异相对较大。西藏地区的农药使用强度较低，为 2.45 千克每公顷，化肥使用强度最低，为 133 千克每公顷；农业化学需氧量和氨氮排放强度均最低，分别为 0.012 和 0.001 克每立方米。这一方面是由于西藏地区各种化肥用品的投入量少，另一方面是由于西藏地区面积广阔、地表水源丰富，自然净化能力较强。山东作为我们的农业大省，农药和化肥使用强度分别达到了 19.54 和 600 千克每公顷，农业化学需氧量和氨氮排放强度分别达到了 99.7 和 5.36 克每立方米，各项投入强度均居全国前列。

表 7–5　各地区环境友好项及其构成指标得分

地区	环境友好项得分（0.25）	农药使用强度	化肥使用强度	农业 COD 排放强度	农业氨氮排放强度
西藏	0.228	0.771	0.881	0.998	0.999
青海	0.216	0.696	0.835	0.938	0.993
贵州	0.203	0.718	0.655	0.915	0.966
云南	0.174	0.426	0.444	0.944	0.974
黑龙江	0.166	0.578	0.805	0.458	0.813
重庆	0.162	0.489	0.418	0.785	0.907
四川	0.161	0.449	0.455	0.774	0.896
新疆	0.161	0.574	0.346	0.708	0.944
甘肃	0.158	0.344	0.769	0.555	0.854
内蒙古	0.155	0.680	0.612	0.374	0.820
浙江	0.145	0.177	0.394	0.831	0.918
广西	0.144	0.241	0.255	0.869	0.945
陕西	0.143	0.694	0.264	0.575	0.763
江西	0.143	0.131	0.363	0.862	0.939
吉林	0.143	0.457	0.497	0.500	0.837
安徽	0.133	0.261	0.284	0.723	0.866
湖北	0.128	0.205	0.236	0.730	0.875
山西	0.127	0.484	0.558	0.413	0.577
湖南	0.127	0.143	0.257	0.751	0.877
上海	0.123	0.228	0.346	0.626	0.771
福建	0.120	0.048	0.071	0.867	0.930
海南	0.119	0.015	0.188	0.778	0.918
辽宁	0.117	0.380	0.545	0.324	0.618

续表

地区	环境友好项得分（0.25）	农药使用强度	化肥使用强度	农业 COD 排放强度	农业氨氮排放强度
江苏	0.116	0.281	0.198	0.618	0.759
天津	0.113	0.483	0.338	0.142	0.843
广东	0.109	0.035	0.039	0.767	0.907
宁夏	0.106	0.822	0.520	0.018	0.341
河北	0.100	0.942	0.322	0.127	0.206
北京	0.075	0.325	0.376	0.209	0.296
河南	0.064	0.297	0.092	0.289	0.339
山东	0.039	0.240	0.253	0.079	0.049

3. 生态保育状况评估

2016 年全国 31 个省、自治区、直辖市的生态保育项得分均低于 0.2，即没有一个地区达到该项指标总分的 80% 及以上；黑龙江、辽宁、广东、海南、吉林和西藏 6 个省区的得分较高，均超过了 0.175，即达到该项指标总分的 70%；得分低于 0.15，即不到该项指标总分的 60% 的有安徽、云南、宁夏、河北、陕西、河南、贵州、山西和新疆 9 个省区；其他 16 个地区居中。

生态保育项得分最高的是黑龙江省，最低的是新疆维吾尔自治区，分别为 0.199 和 0.115，相差了 0.084。黑龙江省的自然保护区面积比重达到了 16.8%，仅次于西藏、青海、甘肃和四川，位居全国省级地区第五位；湿地面积比重达到了 11.31%，仅次于上海、江苏、天津，位居全国省级地区第四位；森林覆盖率达到了 43.2%，位居全国省级地区第九位。新疆维吾尔自治区仅自然保护区面积比重相对较高，达到了11.8%，位居全国省级地区第八位，湿地面积比重较低，为2.38%，仅高于陕西、云南、贵州和山西；森林覆盖率为4.2%，为31个省级地区中最低。

表7–6　各地区生态保育项及其构成指标得分

地区	生态保育项得分（0.25）	自然保护区面积比重	湿地面积比重	森林覆盖率
黑龙江	0.199	0.794	0.706	0.886
辽宁	0.187	0.730	0.659	0.857
广东	0.179	0.551	0.668	0.927
海南	0.178	0.543	0.652	0.945
吉林	0.177	0.732	0.519	0.871
西藏	0.175	0.989	0.520	0.585
青海	0.172	0.958	0.705	0.406
四川	0.172	0.799	0.430	0.838
江西	0.171	0.559	0.524	0.964
上海	0.169	0.469	1.000	0.558
天津	0.168	0.574	0.905	0.540
江苏	0.164	0.375	0.942	0.650
湖北	0.163	0.490	0.611	0.859
湖南	0.160	0.513	0.495	0.910
福建	0.159	0.327	0.591	0.986
内蒙古	0.158	0.667	0.508	0.717
甘肃	0.155	0.855	0.437	0.571
重庆	0.155	0.648	0.353	0.859
广西	0.153	0.479	0.404	0.950
北京	0.151	0.595	0.380	0.842

续表

地区	生态保育项得分（0.25）	自然保护区面积比重	湿地面积比重	森林覆盖率
山东	0.151	0.447	0.701	0.663
浙江	0.151	0.149	0.697	0.960
安徽	0.146	0.368	0.601	0.780
云南	0.144	0.559	0.250	0.921
宁夏	0.135	0.585	0.453	0.583
河北	0.135	0.368	0.506	0.742
陕西	0.134	0.479	0.258	0.876
河南	0.133	0.435	0.439	0.722
贵州	0.127	0.458	0.220	0.851
山西	0.118	0.547	0.191	0.680
新疆	0.115	0.694	0.343	0.338

4. 质量高效状况评估

2016年各地质量高效项得分差异较大。其中，得分超过0.20，即达到该项指标总分80%及以上的地区有北京、上海和浙江；得分低于0.10，即不到该项指标总分40%的有河南、广西、宁夏、云南、海南、吉林、黑龙江、陕西、新疆、内蒙古、山西、西藏、甘肃和贵州14个省区，其他14个地区居中。

质量高效项得分最高的是北京市，最低的是贵州省，得分分别为0.239和0.054，相差了0.185，差异相对较大。北京市绿色标识产品数量密度达到了13.45个每万公顷，居全国首位；贵州省仅为0.05，为全国最低。北京市休闲农业收入占农业总产值比重达到了 17.86%，居全国首位；贵州省为 0.64%，仅高于内蒙古、新疆、甘肃和黑龙江。北京市农村居民人均可支配收入达到 22310 元，仅次于上海和浙江；贵州为 8090 元，仅高于甘肃。

表 7–7 各地区质量高效项及其构成指标得分

地区	质量高效项得分（0.25）	单位面积绿色食品标识产品数量	休闲农业产值占农业总产值比重	农村居民人均可支配收入
北京	0.239	0.963	0.980	0.929
上海	0.222	0.957	0.717	0.991
浙江	0.220	0.722	0.976	0.941
江苏	0.178	0.634	0.685	0.819
福建	0.176	0.641	0.724	0.745
天津	0.173	0.602	0.596	0.880
安徽	0.161	0.458	0.841	0.631
四川	0.160	0.380	0.925	0.610
重庆	0.155	0.518	0.723	0.624
山东	0.146	0.622	0.422	0.712
湖南	0.145	0.438	0.667	0.639
湖北	0.142	0.494	0.539	0.669
广东	0.138	0.485	0.435	0.730
江西	0.131	0.388	0.534	0.647
辽宁	0.130	0.358	0.529	0.675
青海	0.106	0.371	0.413	0.491
河北	0.102	0.353	0.228	0.639
河南	0.090	0.185	0.270	0.630
广西	0.090	0.131	0.379	0.574
宁夏	0.089	0.340	0.173	0.551

续表

地区	质量高效项得分（0.25）	单位面积绿色食品标识产品数量	休闲农业产值占农业总产值比重	农村居民人均可支配收入
云南	0.087	0.235	0.304	0.510
海南	0.087	0.118	0.293	0.636
吉林	0.086	0.178	0.206	0.647
黑龙江	0.083	0.267	0.096	0.635
陕西	0.083	0.156	0.309	0.529
新疆	0.077	0.205	0.149	0.566
内蒙古	0.077	0.141	0.152	0.627
山西	0.075	0.119	0.223	0.561
西藏	0.070	0.066	0.263	0.514
甘肃	0.067	0.274	0.113	0.422
贵州	0.054	0.019	0.165	0.459

三、本章小结

应用本研究构建的包含资源节约、环境友好、生态保育和质量高效四个维度 14 个指标的中国农业绿色发展指数模型，本章对近年来全国及各省（区、市）农业绿色发展水平进行了初步评估，并对结果进行深入分析，可以得到如下几点主要结论。

一是 2012 年以来全国农业绿色发展总体水平显著提高。农业绿色发展综合指数由 2012 年的 0.599 增长到了 2016 年的 0.642，累计提高 0.043，每年提高 0.011。农业供给质量效益显著提升，质量高效维度的指标得分呈现快速增长态势，其对综合指数的增长贡献率达到了76%，绿色食品标志产品密度由2012年的每万公顷面积1.27个提高了2016年的1.78个，休闲农业产值占比由2.68%提高到5.09%，农村居民人均收入由8569元提高到12363元，实际增长44%。农业资源节约状况稳步提升，节水灌溉面积比重由2012年的40.17%上升到48.92%，每万元产值的水资源消耗量由403吨下降到336吨，但是耕地数量总体保持进一步下降的态势，耕地复种指数由1.21上升到1.23。农业环境污染加重的趋势得到了初步控制，在2013年和2014年环境友好指标得分下降到最低点后，开始逐渐提高；农药施用强度、农业COD和氨氮排放强度均在2014年达到峰值后开始下降，化肥施用强度2015年达到峰值后下降。由于生态类数据更新需要较长时间，短期变化较小，因此农业生态状况维持基本稳定，自然保护区面积比重在2013—2015年期间略有下降，森林面积比重在2013年略有提升，湿地面积比重一直没有变化。

二是当前全国农业绿色发展的突出短板在于质量高效和环境友好两个方面。2016年全国农业绿色发展质量高效维度的得分为0.136，仅占该维度指标总分的54.4%，是四个维度中最低的，其中绿色产品品牌建设滞后是质量高效维度得分较低的主要原因，未来需要重点加强农业品牌建设力度。全国农业环境友好维度的得分为0.146，也只占该项指标总分的58.4%，农药化肥施用强度过高是环境友好维度得分较低的主要原因，2016年全国化肥施用强度为444千克每公顷，远高于国际公认的安全施用量225千克每公顷，因此需要持续做好农业污染防治工作。

三是2016年全国各省级地区间的农业绿色发展水平差异较大。其中，浙江的农业绿色发展水平最高，河南最低；上海、四川、青海等3省市相对较高，宁夏、山东、河北、山西、新疆等5省区相对较低，其他省区居中。衡量农业绿色发展水平的四个维度中，环境友好和质量高效两个维度的地区差异明显，增长潜力也更大。总体上，当前各地区的农业绿色发展水平均存在较大的提升空间。其中，浙江省在生态保育特别是在自然保护区建设方面，有待进一步加强；河南、山东作为农业大省，长期为国家的农业增产做出了巨大贡献，但是在环境友好方面的得分非常低；北京在质量效益方面的得分很高，但是其环境友好项得分很低；贵州省近年来在生态保护、乡村旅游与休闲农业等方面取得了巨大成就，但由于湿地保护方面的不足导致了生态保育项得分较低，由于农业品牌保护、农民收入方面的不足导致其质量效益项得分较低。总体上，北京、山东等14个地区的突出短板在环境友好方面，黑龙江、甘肃、贵州等16个地方的突出短板在质量效益方面，重庆在资源、环境、质量等方面均存在很大提升空间。

四是从方法的有效性来看，本书构建的农业绿色发展指数具有很强的稳健性和实用性。一方面，测算结果表明，采用等权重法和熵值权重法对综合指数得分及各地区排名有一定的影响，但总体结果较为一致，测算结果稳健。另一方面，与官方发布的《2016年生态文明建设年度评价结果公报》相比较，两个指数具有显著正相关性，很多地区在一些维度的表现较为一致。例如在官方的评价中，浙江各维度的发展都比较均衡，仅在生态保护和环境质量方面略低，但总体排名靠前；河南在环境质量和生态保护方面排名特别靠后；北京在增长质量和绿色生活方面的排名均居全国首位，但在环境质量和生态保护项排名较为靠后；西藏的环境质量得分排名靠前。这些结果与本文的测算结果非常一致，表明在指标选择上能够切合未来官方的评价和考核需求。但需要指出的是，由于现有政府文件的农业绿色发展目标任务中很多指标没用公开数据，因此在构建评价指标体系时，不得不舍弃一些重要的指标，如土壤有机质含量、农作物秸秆综合利用率、可治理沙化土地治理率等，另外农村生活垃圾处理率、污水处理率等指标也缺乏统计，因此也无法反映农村人居环境的变化情况。未来需要进一步加大农业资源环境方面的数据监测，并及时公开，以便于社会监督。

第八章

各省区市农业绿色发展优劣势及提升方向诊断

执笔人：张斌、金书秦。

为进一步加快推进全国农业绿色发展，有必要对各省区市农业绿色发展优劣势进行全面分析和比较，以明确发展短板、借鉴经验做法。2016 年全国各省区市农业绿色综合指数得分，及其资源节约、环境友好、生态保育和质量高效 4 个方面的得分和排名情况如表 8-1 所示。其中，北京、山东等 14 个地区的突出短板在环境友好方面，黑龙江、甘肃、贵州等 16 个地区的突出短板在质量效益方面，重庆市各维度比较均衡，在资源节约、环境友好和质量高效三个方面均存在很大的提升空间。

表 8-1　2016 年全国各省区市农业绿色综合指数得分及其构成与排名情况

省区	综合得分	资源节约		环境友好		生态保育		质量高效	
		得分	排序	得分	排序	得分	排序	得分	排序
浙江	0.705	0.190	9	0.145	11	0.151	20	0.220	3
上海	0.695	0.181	16	0.123	20	0.169	10	0.222	2
四川	0.680	0.188	10	0.161	7	0.172	8	0.160	8
青海	0.678	0.183	15	0.216	2	0.172	7	0.106	16
北京	0.654	0.187	11	0.075	29	0.151	21	0.239	1
天津	0.651	0.196	4	0.113	25	0.168	11	0.173	6

续表

省区	综合得分	资源节约		环境友好		生态保育		质量高效	
		得分	排序	得分	排序	得分	排序	得分	排序
辽宁	0.634	0.200	2	0.117	23	0.187	2	0.130	15
福建	0.632	0.178	18	0.120	21	0.159	15	0.176	5
江苏	0.628	0.170	24	0.116	24	0.164	12	0.178	4
重庆	0.627	0.154	27	0.162	6	0.155	17	0.155	9
黑龙江	0.626	0.178	19	0.166	5	0.199	1	0.083	24
西藏	0.615	0.142	30	0.228	1	0.175	6	0.070	29
安徽	0.600	0.160	26	0.133	16	0.146	23	0.161	7
江西	0.594	0.149	28	0.143	15	0.171	9	0.131	14
湖北	0.594	0.161	25	0.128	17	0.163	13	0.142	12
云南	0.591	0.186	13	0.174	4	0.144	24	0.087	22
吉林	0.591	0.185	14	0.143	14	0.177	5	0.086	23
内蒙古	0.585	0.196	5	0.155	10	0.158	16	0.077	26
甘肃	0.575	0.195	6	0.158	9	0.155	18	0.067	30
湖南	0.573	0.141	31	0.127	19	0.160	14	0.145	11
广东	0.571	0.145	29	0.109	26	0.179	3	0.138	13
贵州	0.571	0.187	12	0.203	3	0.127	29	0.054	31
陕西	0.565	0.204	1	0.143	13	0.134	27	0.083	25
广西	0.561	0.173	22	0.144	12	0.153	19	0.090	18
海南	0.560	0.175	20	0.119	22	0.178	4	0.087	21
河北	0.530	0.194	7	0.100	28	0.135	26	0.102	17
山东	0.529	0.193	8	0.039	31	0.151	22	0.146	10
新疆	0.527	0.175	21	0.161	8	0.115	31	0.077	27
山西	0.518	0.197	3	0.127	18	0.118	30	0.075	28
宁夏	0.501	0.171	23	0.106	27	0.135	25	0.089	20
河南	0.468	0.181	17	0.064	30	0.133	28	0.090	19

结合各方面的二级指标发展情况，下文将逐一分析各省区市农业绿色存在的优势和不足，以便各地对症下药，补齐自身短板，提高绿色发展水平。

一、浙江在保持农业质量高效优势的同时，重点是降低化肥农药施用强度

浙江省是全国唯一整省推进的国家农业可持续发展试验示范区，首批农业绿色发展试点先行区，其农业绿色发展水平走在了全国的前列。资源、环境、生态和经济效益均衡发展是浙江农业绿色发展的突出特点。在农业供给质量效益方面，浙江的优势非常突出，其质量高效项得分仅次于北京市和上海市，居全国第三位。在资源和环境方面，浙江的得分排名较为靠前，属于中上游水平，其中资源节约项得分为 0.190，约占该项总得分的 76%；但是环境友好项的绝对得分较低，仅 0.145，不到该项得分总额的 60%。在生态保育方面，浙江的相对排名和绝对得分都较低，相对排名在 20 位，绝对得分仅占该项得分的 60%。

从二级指标情况来看，化肥农药施用强度高、自然保护区面积比重低是浙江省在农业环境保护和生态保育方面得分较低的主要原因。虽然近年来浙江省的农药和化肥施用强度已经出现了显

著下降，但是总体依然较高，2016 年浙江省农药施用强度为 25 千克每公顷，化肥施用强度为 428 千克每公顷，需要进一步加快调减。另外，浙江的森林覆盖率和湿地面积比重均较高，分别达到了 59.1% 和 10.91%，但是自然保护区面积比重非常低，仅 1.7%，为全国最低，需要在自然保护区建设方面持续加大工作力度。

二、上海需调减化肥农药施用强度，并降低水资源消耗强度

上海市农业绿色发展水平较高，其优势和劣势也非常明显。农业供给质量高效是上海农业绿色发展的突出优势。2016 年上海农业供给质量高效项的得分为 0.222，仅次于北京，居全国第二位，其中农村居民人均可支配收入达到 25520 元，居全国首位；但是与北京、浙江相比，上海市休闲农业产值比重还较低，仅为 7.6%。农业环境污染问题突出是上海农业绿色发展的明显短板，2016 年该项得分仅为 0.123，不到该项得分总额的 50%，排在全国 31 个省区市的第 20 位。另外，上海市在资源节约和生态保育方面总体居中等发展水平，分别排在第 16 位和第 10 位，这两项存在进一步提升的较大空间。

从二级指标情况来看，农药和化肥施用强度高是上海市环境项得分较低的最主要原因。2016 年上海市农药施用强度达到了 20 千克每公顷，化肥施用强度达到 480 千克每公顷，均需加快调减。另外，上海市的湿地面积达到了 73.27%，居全国最高，但是其自然保护区面积比重相对较低，仅为 5.3%；上海市农业用水强度较高，2016 年每万元农业产值的耗水量达到了 976 吨，仅次于西藏、新疆、宁夏、青海、内蒙古、黑龙江、江西等 7 个省区。

三、四川需重点加强农业品牌建设，加快提高农民收入水平

四川省各维度总体得分较为均衡，各项排名均在前 10 位。资源节约项得分最高，达到了 0.181 分；质量高效和环境友好项相对较低，均在 0.16 分左右，约占对应项得分总额的 65% 左右；生态保育项得分居中，为 0.172 分。从相对排名来看，由于其他省区在资源节约项得分也较高，因此得分最高的资源节约项反而排名较为靠后，在第 10 位；环境友好项排名较为靠前，在第 7 位；生态保育和质量高效项均排在第 8 位。

从二级指标情况来看，绿色标识产品强度较低、湿地面积比

重较低、农药和化肥施用强度高是四川省农业绿色发展方面的主要短板。质量高效指标方面，四川省的休闲农业产值比重较高，达到了 14.98%，仅次于北京和浙江；但是四川省每万公顷面积中绿色食品标识产品数量仅 1.87 个，远低于北京、上海和浙江；另外，四川省农村居民人均可支配收入仅为 11203 元，低于全国平均水平。环境友好指标方面，四川省的农业 COD 排放强度和氨氮排放强度相对较低，但是农药和化肥施用强度较高，分别到达了 8.6 千克每公顷和 370 千克每公顷，需要进一步调减。生态保育指标方面，四川省的自然保护区面积比重较高，达到了 17.1%；森林覆盖率面积也相对较高，达到了 35.2%，但是其湿地面积比重较低仅为 3.61%，需要进一步加强湿地保护和恢复工作。资源节约指标方面，四川的耕地复种指数较高，达到了 1.44，居全国第 11 位，需要进一步降低使用强度。

四、青海在保护好农业生态环境的同时，需加快提升农业供给质量效益

青海省农业绿色发展总体得分较高，但是各维度差异较大，其中环境方面的优势突出，质量高效方面的不足也非常明显。青海省农业环境友好项指标得分达到了 0.216 分，约为该项指标得

分总额的 86%，仅次于西藏自治区，居全国第 2 位；其质量高效项得分仅为 0.106 分，不足该项指标总分的 50%，位居全国第 16 位。另外，青海省在资源节约和生态保育方面的总体得分也较高，分别达到了 0.183 和 0.172。

从二级指标情况来看，农业绿色产品品牌建设滞后、休闲农业发展不足是青海农业质量高效项得分较低的主要原因，同时青海省的森林覆盖率、单位农业产值耗水量、农村居民人均收入指标得分也相对较低。质量高效指标方面，每万公顷面积中绿色食品标志产品数量仅 1.8 个，接近全国平均水平；休闲农业产业仅占农业总产值的 2.45%，农村居民人均可支配收入仅 8664 元，均明显低于全国平均水平，农民收入水平仅高于甘肃和贵州。生态保育指标方面，青海的自然保护区面积达到了 30.1%，湿地面积比重达到 11.27%，均相对较高，但是森林覆盖率相对较低，仅为 5.6%，需要进一步加大生态修复力度。另外，青海农业发展的水资源消耗强度较大，万元农业产值需耗水 1280 吨，仅次于西藏、新疆、宁夏，需要进一步提高水资源利用效率。

五、北京在保持农业供给质量效益优势的同时，需加强农业环境治理

北京市农业绿色发展总体得分较高，但各维度差异明显，其中质量高效方面优势突出，但环境友好方面存在很大的不足，生态保育方面也存在很大的提升空间。北京市农业供给质量高效项得分达到了 0.239 分，居全国首位；其环境友好项得分仅为 0.075 分，仅占该项指标得分总额的 30%，居全国第 29 位，亟需加快改进。另外，北京市的资源节约和生态保育项得分居中，分别为 0.187 和 0.151 分，其中生态保育项得分居全国第 21 位，较为靠后。

从二级指标情况来看，北京市的农药施用强度、化肥施用强度、农业 COD 和氨氮排放强度等 4 个环境友好项二级指标得分均非常低。其中，药和化肥的投入强度分别为每公顷 14 千克和 446 千克，农业 COD 和氨氮排放强度分别是每立方米 51.56 克和 2.94 克，均处较高水平，特别是农业 COD 排放强度居全国第 5 位，农业氨氮排放强度居全国第 3 位，减排需求迫切。另外，北京市 2016 年耕地总面积减少 1.3%，这是其资源节约项的短板；湿地面积比重仅为 2.86%，是其生态保育项的短板，应着力提升。

六、天津需聚焦农业面源污染防治，加快改善农业生产环境

天津市农业绿色发展总体得分较高，但各维度差异也较大，其中资源节约方面优势突出，环境友好方面存在较大不足。天津市资源节约项指标得分达到了 0.196 分，约为该项指标得分总额的 78%，仅次于西藏自治区，居全国第 2 位；其环境友好项指标得分仅为 0.113，不足该指标得分总额的 50%，居全国第 25 位。生态保育和质量高效方面的绝对得分居中，分别为 0.168 和 0.173，但相对排名较为靠前，分别居全国第 11 位和第 6 位。

从二级指标情况来看，农业 COD 排放强度高、化肥施用强度高是天津市农业绿色发展存在的突出短板。2016 年天津市农业 COD 排放强度达到了 52 克每立方米，仅次于宁夏、山东和河北，居全国第 4 位，需加快推进农业水环境治理；化肥施用强度达到了每公顷 489 千克，相对较高，需进一步调减。另外，在生态保育方面，天津市的湿地面积比重较高，达到了 23.94%；但是其森林覆盖率较低，仅为 9.9%；自然保护区面积也仅占 7.7%，总体上生态保育方面还有巨大的提升空间。

七、辽宁需重点加强农业污染治理，并逐步提升农业供给质量效益

辽宁省农业绿色发展水平总体排名较为靠前，其中资源节约和生态保育方面的优势较为明显，环境友好和质量高效方面存在较大的不足。辽宁省资源节约项指标得分达到了 0.200 分，生态保育项指标得分达到了 0.187 分，均居全国第 2 位；环境友好项指标得分仅为 0.117 分，质量高效项仅为 0.130，这两项都存在很大的提升空间。

从二级指标情况来看，农药施用强度高、农业 COD 排放强度高和农业绿色标志产品密度较低是辽宁省农业绿色发展的突出短板。2016 年辽宁的农药施用强度达到了每公顷 11.3 千克，农业 COD 排放强度达到了每立方米 28.5 克，均相对较高，特别是农业 COD 排放强度居全国第 6 位，亟需加强治理力度；每万公顷的农业绿色食品标志产品数量仅 1.67 个，农产品品牌建设力度也有待加强。另外，辽宁省休闲农业产值相对较低，仅占其农业总产值的 3.88%，存在较大提升空间。

八、福建省亟须降低化肥农药施用强度，并加强自然保护区建设

福建省农业绿色发展水平相对较高，各维度发展较为均衡。横向比较，在供给效益方面的优势较为突出，位居全国第5位；在农业环境方面存在较大的提升空间，排在全国第21位。从绝对得分来看，供给效益和资源节约方面的得分较高，分别为0.176和0.178分，均超过了该项指标总分的70%；环境友好方面的得分较低，仅0.120，不到该项指标总分的50%；农业生态方面的得分居中，为0.159分，占该项指标总分的64%。

从二级指标情况来看，农药和化肥施用强度过高是福建省农业绿色发展环境友好方面得分较低的重要原因。2016年，福建省农药施用强度达到了每公顷41千克，居全国第3位，仅次于海南和广东；化肥施用强度达到每公顷927千克，居全国第2位。在农业COD和氨氮方面，福建省的排放强度都很低，分别为每立方0.95克和0.14克，显著低于其他地区，因此这两项的得分较高。另外，在生态友好方面，福建省的森林覆盖率居全国首位，达到了66%；但是其自然保护区面积比重很低，为3.2%，仅高于浙江省。因此，为推进福建省农业绿色发展，在做好化肥、农药减施增效的同时，也需在生态保育方面加强自然保护区建设。

九、江苏应协同推进农业环境治理和耕地资源保护

江苏省农业绿色发展的突出优势在于供给效益，突出短板是环境友好。其中，农业供给效益项得分达到 0.178 分，居全国第 4 位，仅次于北京、上海、浙江；环境友好项得分仅 0.116 分，居全国第 24 位。横向比较，农业资源节约方面，江苏省也存在较大提升空间，该维度得分达到了 0.170，但是排在全国第 24 位；生态保育方面，江苏发展水平居中，维度得分为 0.164 分，占该项指标得分总额的 65%，居全国第 12 位。

从二级指标情况来看，农药和化肥施用强度高是江苏省环境友好方面的突出短板，复种指数较高是其资源节约方面的短板。2016 年，江苏省农药施用强度达到 16.67 千克每公顷，排在全国第 12 位，远高于全国平均水平；化肥施用强度高达 684 千克每公顷，排在全国第 5 位，仅低于广东、福建、河南和海南；复种指数达到 1.68，排在全国第 6 位，其土地资源利用强度有待缓解。另外，在生态友好方面，江苏省的湿地面积比重较高，达到了 27.51%，居全国第二位，仅次于上海，但其自然保护区面积比重较低，为 3.8%，仅略高于安徽、湖北、福建和浙江，存在较大提升空间。

十、重庆应制止耕地面积下降趋势，并进一步加强湿地保护力度

重庆市农业绿色发展各维度的情况非常均衡，在环境友好方面具有一定的优势。其中，资源、生态保育、质量高效三个维度得分均在 0.15 分左右；环境有效项指标得分略高，为 0.162 分，居全国第 6 位。横向比较来看，质量高效方面，重庆也具有一定的优势，排在全国第 9 位；生态保育方面居中，排在全国第 17 位；资源节约方面排名较为靠后，排在全国第 27 位。

从二级指标情况来看，耕地面积数量减少是重庆资源节约维度的突出短板，湿地面积比重较低是质量高效维度的突出短板。2016 年，重庆市耕地面积减少 1.97%，下降比重居全国首位，因此亟需加强耕地资源保护；其湿地面积比重仅为 2.51%，排在全国第 26 位，有待进一步提升。

十一、黑龙江需着力打造农产品品牌，提高农业质量效益

黑龙江省农业绿色发展的突出优势在于生态保育方面，明显不足在于质量高效方面。其中，生态保育维度得分达到了 0.199，

占该项指标得分总额的 80%，排在全国首位；质量高效维度得分为 0.083，仅占该项指标得分总额的 33%，排在全国第 24 位，亟需加快提升。横向比较来看，环境友好维度得分为 0.166，但排在全国第 5 位，较为靠前；资源节约维度得分为 0.178，排在全国第 19 位，具有一定的提升空间。

从二级指标情况来看，休闲农业发展和农产品品牌建设是黑龙江省质量高效维度得分较低的主要原因。2016 年，黑龙江省休闲农业产值仅占农业总产值的 0.33%，居全国最后一位，亟需加快发展休闲农业；每万公顷面积的绿色标识产品数量仅 1.1 个，排在全国第 20 位，存在很大的提升空间。另外，在环境友好方面，黑龙江省的化肥施用强度和农业氨氮排放强度较低，但是其农业 COD 排放强度较高，达到了 14 克每立方米，排在全国第 10 位，有进一步降低的空间。

十二、西藏需加强农业品牌建设，并大幅提升水资源利用效益

西藏自治区农业绿色发展的突出优势是环境友好，明显不足在于质量高效方面。其中，环境有效维度得分达到 0.228，超过该项指标得分总额的 90%，居全国首位；质量高效维度得分

仅 0.070，不到该项指标得分总额的 30%，排在全国第 29 在。横向比较来看，生态保育维度的得分达到了 0.175，居全国第 6 位，具有一定的优势；资源节约维度得分为 0.142，但排在全国第 30 位，仅高于湖南省，存在很大的提升空间。

从二级指标情况来看，农业品牌建设滞后是西藏质量高效维度得分较低的主要原因，同时其休闲农业和农民收入水平也具有很大的提升空间。2016 年，西藏每万公顷面积的绿色标识产品数量仅 0.2 个，排在全国第 30 位，仅高于贵州，亟需加强这方面的工作；其休闲农业产值仅占农业总产值的 1.2%，相比于目前全国平均的 5% 也存在较大提升空间；其农村居民人均收入为 9094 元，仅高于云南、青海、贵州和甘肃地区，也需进一步提升。另外，西藏地区每万元农业产值的耗水量达到了 5150 吨，是其资源节约项的突出短板，需要加快提升农业水资源利用效益。

十三、安徽需加快调减农药化肥施用强度，并逐步加强自然保护区建设

安徽省农业绿色发展总体状况居中，各维度较为均衡，在质量高效方面具有一定的优势，在环境友好和生态保育方面具有较大提升空间。其中，质量高效维度得分较高，为 0.161，居全国

第7位；环境友好维度得分较低，仅0.133分，居全国第16位；生态保育维度得分也较低，为0.146分，排在全国第23位。另外，资源节约维度得分达到了0.160分，但排在全国第26位，相对靠后。

从二级指标情况来看，农药化肥施用强度高是安徽农业环境方面的明显不足，自然保护区面积比重较低是其生态保育方面的短板。2016年，安徽农药施用强度达到每公顷18千克，化肥施用强度达到每公顷557千克，分别排在全国第11位和12位，均高于全国平均水平，需加快调节力度。另外，安徽省的森林覆盖率达到了27.5%，湿地面积比重达到了7.46%，均超过了全国平均水平，相对较高，但是其自然保护区面积为3.7%，仅高于福建和浙江，需逐步增强自然保护区建设力度。

十四、江西应着力提升资源节约水平，加强品牌建设

江西省农业绿色发展总体状况居中，生态友好是其突出优势，质量高效方面存在很大提升空间。其中，生态友好是江西省四个维度中得分最高的一个，达到了0.171分，居全国第9位；质量高效维度得分最低，仅0.131，排在全国第14位，属于中等水平。横向比较来看，资源节约项得分为0.149分，但排在全国

第 28 位，存在一定的提升空间；环境友好维度得分为 0.143 分，排在全国第 15 位，也属于居中水平。

从二级指标情况来看，品牌建设滞后是江西农业质量高效方面得分较低的主要原因，复种指数高，农业耗水量大是其资源节约维度的突出短板，农药化肥施用强度高是其环境友好维度的突出短板。2016 年，江西省每万公顷土地面积中绿色食品标志产品数量仅 1.9 个，略高于全国平均水平，但存在很大的提升空间，需加快推进农产品品牌建设；其耕地复种指数达到了 1.80，仅次于湖南和广东，居全国第 3 位，单位农业产值耗水量达到 1066 吨每万元，居全国第 6 位，需尽快提升水土资源利用效率；其农药施用强度达到每公顷 30 千克，化肥施用强度达到每公顷 557 千克，均远高于全国平均水平，特别是农药施用强度仅低于海南、广东和福建 3 地，亟须加快调减。

十五、湖北省需加快解决化肥农药污染问题，全面提升农业供给质量效益

湖北省农业绿色发展总体得分为 0.594，和江西并列，其在生态保育方面的得分相对较高，环境友好方面的得分相对较低。其中生态保育维度得分为 0.163 分，居全国第 13 位；环境友好维

度得分为 0.128 分，仅占该项指标得分总额的 51%，排在全国第 17 位，存在较大提升空间。横向比较来看，资源节约维度得分达到了 0.161，但排在全国第 25 位，较为靠后；质量高效维度得分为 0.142，居全国第 12 位。

从二级指标情况来看，农药化肥使用强度也是湖北农业环境方面的突出问题，质量高效方面的各二级指标均存在较大提升空间。2016 年，湖北农药施用强度达到 22 千克每公顷，化肥施用强度达到 625 千克每公顷，分别排在全国第 7 位和第 6 位，存在很大的调减空间。在质量高效方面，湖北农业产品品牌强度达到了 2.9 个每万公顷，休闲农业产值比重约为 4%，农村居民人均收入为 12725 元，均存在很大的提升空间。

十六、云南应充分发挥环境优势，加强品牌建设和休闲农业

云南省农业绿色发展的突出优势是环境友好，明显不足是质量高效。其中，环境友好维度得分达到了 0.174 分，居全国第 4 位，仅次于西藏、青海和贵州；质量高效维度得分仅 0.087，排在全国第 22 位，存在极大的提升空间。另外，生态保育维度得分也较低，为 0.144 分，排在全国第 24 位，需进一步提升；资源

节约维度得分较高，达到了 0.186 分，但排在全国第 13 位。

从二级指标情况来看，农产品品牌建设和休闲农业发展滞后是云南省农业质量效益不高的主要原因，湿地保护方面的不足的是其生态友好方面的突出短板。2016 年，云南每万公顷面积上的绿色食品标识产品数据仅 0.92 个，只有全国平均水平的一半，亟须加强农业品牌建设；休闲农业经营收入达到 92 亿元，仅占农业总产值的 1.5%，排在全国第 19 位，较为靠后。在生态友好方面，云南省的森林覆盖率很高，达到了 50%，居全国第 7 位，但是其湿地面积比重较低，仅为 1.43%，排在全国第 29 位，仅高于贵州和山西，湿地保护工作有待加强。

十七、吉林要更好发挥生态优势，提升农业质量效益

吉林省的农业绿色发展指数综合得分与云南相同，均为 0.591 分，属于居中水平。吉林农业绿色发展的突出优势在于生态保育，明显不足在于质量高效方面。其中，生态保育维度得分达到了 0.177，居全国第 5 位，较为靠前；质量高效维度得分仅为 0.086，排在全国第 23 位，亟需加快提升。横向比较来看，资源节约和环境友好维度均排在第 14 位，但是得分差异较大，分别为 0.185 分和 0.143 分，其农业环境污染治理方面有待加强。

从二级指标情况来看，农产品品牌建设和休闲农业发展滞后是吉林农业质量效益不高的主要原因，但其环境友好方面的多个指标存在较大提升空间，特别是农业 COD 排放强度有待调减。2016 年，吉林每万公顷面积上的绿色食品标识产品数据仅 0.64 个，排在全国第 24 位，亟须加强农业品牌建设；休闲农业仅占农业总产值的 0.85%，排在全国第 25 位，需加快发展乡村旅游和休闲农业。在环境友好方面，吉林的农业氨氮排放强度较低，为 0.37 克每立方米，农药和化肥施用强度分别为 8.4 千克每公顷、334 千克每公顷，农业 COD 排放强度为 11 克每立方米，均有降低空间，特别是农业 COD 排放强度，总体上需加强农业环境污染治理力度。

十八、内蒙古需在增强农业质量效益的同时，逐步降低农业 COD 排放强度

内蒙古农业绿色发展的突出优势是资源节约，明显不足在于质量高效方面。其中，资源节约维度得分达到了 0.196，居全国第 5 位，较为靠前；质量高效维度得分仅 0.077，排在全国第 26 位，存在很大的提升空间。另外，生态保育纬度得分为 0.158 分，排在全国第 16 位；环境友好维度得分为 0.155 分，排在全国第

10位，均为中等发展水平，仍有一定的提升空间。

从二级指标情况来看，农产品品牌建设和休闲农业发展滞后是内蒙古农业质量高效维度得分低的主要原因，农业COD排放强度高是环境友好方面的短板。2016年，内蒙古每万公顷面积上的绿色食品标识产品数据仅0.48个，排在全国第26位，亟须加强农业品牌建设；休闲农业产值比重为0.58%，排在全国第28位，仅排在新疆、甘肃何黑龙江前面，需加快提升。在环境友好方面，内蒙古农业COD排放强度达到了22克每立方米，达到了全国平均水平的7倍，该维度指标得分远低于化肥农药等排放强度指标，需要加快补齐该方面的短板。

十九、甘肃需全方位提高农业质量效益，并降低农药施用强度

甘肃农业绿色发展的突出优势是资源节约，突出短板在于质量高效方面。2016年，其资源节约维度得分为0.195分，略低于内蒙古，居全国第6位；质量高效维度得分为0.067分，仅高于贵州，排在全国第30位。另外，环境友好和生态保育维度得分均在0.15左右，超过了对应指标得分总额的60%，但仍存在较大提升空间，特别是生态保育项。

从二级指标情况来看，休闲农业发展滞后、农业品牌发展不足是甘肃农业质量高效维度得分低的主要原因，农药施用强度高是环境友好方面的短板。2016年，甘肃休闲农业产值比重为0.4%，排在全国第30位，仅高于黑龙江，需加快提升；其每万公顷面积上的绿色食品标识产品数据为1.13个，排在全国第19位，存在较大提升空间。在环境友好方面，甘肃农药施用强度达到了13千克每公顷，该维度指标得分远低于化肥、农业氨氮等排放强度指标，需要加快补齐该方面的短板。

二十、湖南重点是降低耕地利用强度，协同推进农业污染治理

湖南省农业绿色发展的突出短板在于资源节约方面，生态保育和质量高效方面的得分相对较高，但仍存在较大提升空间。其中，资源节约维度得分为0.141分，排在全国最后一位，需加快提升；生态保育、质量高效维度得分分别为0.160分和0.145分，占对应指标得分总额的60%左右，排在全国第14位和第11位。另外，其环境友好维度的得分较低，仅0.127，但排在全国第19位，也需进一步提升。

从二级维度情况来看，耕地播种强度过高、节水灌溉设施不

足是湖南农业资源节约项得分低的主要原因，农药、化肥施用强度过高是其环境友好项得分较低的主要原因。2016 年，湖南农业耕地的复种指数达到了 2.12，排在全国首位，亟须降低土地利用强度；节水灌溉面积比重为 11%，排在全国第 30 位，仅高于西藏，存在极大的提升空间。在环境友好方面，湖南每公顷耕地的农药投入达到 28.6 千克、化肥投入达到 594 千克，分别排在全国 5 位、第 9 位，需通过各种方式进一步调减。

二十一、广东需降低化肥农药施用强度，尽快补上农业环境短板

广东省农业绿色发展的突出优势是生态保育，明显不足在于环境友好方面。其中，生态保育维度得分为 0.179 分，居全国第 3 位，仅次于黑龙江和辽宁；环境友好维度得分仅为 0.109 分，不足该维度得分总额的 50%，排在全国第 26 位，需要尽快补齐该项短板。另外，广东省的资源节约维度得分为 0.145 分，略高于其质量高效维度得分，但横向比较排在全国第 29 位，仅高于西藏和湖南，也存在较大的提升空间。

从二级指标情况来看，化肥、农药施用强度过高是广东农业环境方面的突出短板。2016 年，广东每公顷耕地的化肥施用量达

到了1001千克，农药施用量达到了44千克，分别排在全国首位和第2位，亟须加快推进化肥农药减施增效行动。另外，广东的耕地利用强度是资源节约维度的短板，具有很大的下降空间，复种指数达到了1.85，排在全国第2位，仅次于湖南；休闲农业发展滞后是其质量高效方面的短板，休闲农业产值占农业总产值2.7%，排在全国14位，存在较大的提升空间。

二十二、贵州应发挥环境优势，重点加强品牌建设

贵州农业绿色发展总体水平和广东相同，但是其优势和短板完全不同。贵州农业绿色发展的突出优势是环境友好，明显不足在于质量高效方面。其中，环境友好维度得分达到了0.203分，居全国第三位，仅次于西藏和青海；质量高效维度得分仅0.054分，不到该维度指标得分总额的1/4，排在全国最后一位，需加快提升。另外，贵州的生态保育维度得分也较低，仅0.127分，排在全国第29位，仅高于新疆和山西，也存在很大的提升空间。

从二级指标情况来看，贵州农业质量高效方面的3个二级指标均存在很大的提升空间，特别是农业品牌建设。农产品品牌建设方面，2016年贵州全省绿色食品标识产品数量仅24个，即每万公顷面积上的绿色食品标识产品数量仅0.05个，排在全国最后

一位，亟须加快提升；休闲农业发展方面，全省休闲农业经营收入仅占农业总产值的0.64%，排在全国第27位，仅高于内蒙古、新疆、甘肃和黑龙江地区；农民收入方面，2016年全省农村居民人均收入8090元，仅高于甘肃地区，排在全国第31位，均有待提升。另外，湿地面积比重较低是贵州生态保育维度的突出短板，2016年其面积占比为1.19%，排在全国第30位，仅高于山西，需进一步加强湿地保护工作。

二十三、陕西需全面增强农业供给质量效益，并加强生态保护

陕西农业绿色发展的突出优势是资源节约，明显不足在质量高效方面。其中，资源节约维度得分0.204分，居全国首位；质量高效维度得分仅0.083分，不到该维度指标得分总额的1/3，排在全国第25位，需进一步提升。另外，陕西在生态保育维度的得分也较低，仅0.134分，排在全国第27位，还存在较大的提升空间。

从二级指标情况来看，农产品品牌建设和休闲农业发展滞后是贵州农业质量高效维度的突出短板，湿地比重面积较低是其生态保育维度的突出短板。2016年，陕西农产品品牌密度为0.54

个每万公顷，休闲农业产值占农业总产值的1.53%，分别排在全国第25位和第18位，均存在很大的提升空间；全省农村居民人均收入9396元，排在全国第26位，需加快促进农民增收。另外陕西的森林覆盖面积较高，达到了41%，但是其湿地面积比重较低仅为1.5%，排在全国第28位，仅高于山西、贵州和云南，湿地保护工作有待加强。

二十四、广西应全面推进资源节约和品牌打造

广西农业绿色发展总体水平较低。其四个维度比较来看，资源节约维度得分较高，但横向排名最低；环境友好维度得分较低，但是横向排名最高；质量高效维度得分最低，横向排名靠后，是其突出短板。其中，质量高效维度得分仅为0.09分，约占该维度指标得分总额的36%，排在全国第18位，亟须进一步提升；资源节约维度得分达到了0.173分，但排在全国第22位，存在一定的提升空间；环境友好和生态保育维度得分分别为0.144和0.153，均有待进一步提高。

从二级指标情况来看，农产品品牌建设和休闲农业发展滞后是广西农业质量高效方面的突出短板，化肥农药施用强度过高是其环境方面的突出短板。2016年，广西每万公顷面积上的绿色食

品标志产品数量仅 0.44 个，排在全国第 27 位，亟待加强品牌建设；休闲农业产值占农业产值的 2.1%，排在全国第 17 位，有很大提升空间。

二十五、海南应保持生态优势，大幅降低化肥农药施用强度

海南农业绿色发展的突出优势是生态保育，明显不足在于质量高效方面，环境友好方面也存在较大提升空间。其中，生态保育维度得分达到了 0.178 分，居全国第 4 位，仅次于黑龙江、辽宁和广东；质量高效维度得分仅 0.087，不足该维度指标得分总额的 35%，排在全国第 21 位，亟需进一步提升；环境友好维度得分为 0.119 分，排在全国第 22 位，也相对较低。另外，海南的资源节约维度得分达到了 0.175 分，但横向比较排在全国第 22 位，也有一定的提升空间。

从二级指标情况来看，农产品品牌密度较低是海南农业质量高效维度的明显不足，农药化肥施用强度过高是其环境友好维度的突出短板。2016 年，海南每万公顷面积上的绿色食品标识产品数量仅 0.39 个，排在全国第 29 位，仅高于西藏和贵州，有待加强；农药施用强度为 47 千克每公顷，化肥施用强度为 700 千

克每公顷，分别排在全国第 1 位、第 4 位，均亟需加快降低，特别是农药。另外，在资源节约方面，2016 年海南耕地数量面积下降 0.43%，耕地面积指标得分排在全国第 29 位，仅高于北京和重庆，土地资源数量保护有待加强。

二十六、河北需重点加强农业环境治理，并提升农业质量效益

河北农业绿色发展的突出优势是资源节约，明显不足在于环境友好和质量高效方面。其中，资源节约维度得分为 0.194 分，居全国第 7 位；环境友好和质量高效维度得分均在 0.1 分左右，特别是环境友好维度排在全国第 28 位，较为靠后，具有很大的提升空间。另外，河北生态保育维度的得分也较低，仅 0.134 分，排在全国第 26 位，有待进一步提升。

从二级指标情况来看，在环境友好方面，河北省的农药施用强度较低，为 1.25 千克每公顷，对应维度得分较高，但其他 3 个二级维度的排放强度均很高，其中化肥施用强度为 509 千克每公顷，农业 COD 排放强度为 78 克每立方米，农业氨氮排放强度为 3.7 克每立方米，分别排在全国第 12 位、第 3 位、第 2 位，亟须加快治理。在质量高效方面，河北省的休闲农业发展和农产品

品牌建设滞后是其突出短板，其中2016年休闲农业经营收入为63.8亿元，占农业总产值的0.98%，占比排在全国23位；农产品品牌密度为1.66个每万公顷，排在全国第17位，均存在很大的提升空间。在生态保育方面，自然保护区面积比重较低是明显不足，2016年全省自然保护区面积仅占区域总面积的3.7%，排在全国第29位，也存在较大的上升空间。

二十七、山东需全面提升农业环境质量，并加快发展休闲农业

山东省农业绿色发展总体水平较低，其在资源节约方面具有一定的发展优势，环境友好是其突出短板。其中，资源节约维度得分达到0.193分，略低于河北，居全国第8位；环境友好维度得分仅0.039分，仅占该维度指标得分总额的15%，排在全国最后一位，需加快提升。另外，山东在生态保育和质量高效方面的得分也较低，均在0.15分左右，存在较大的提升空间。

从二级指标情况来看，山东农业环境友好方面的4个二级指标均存在很大的提升空间，特别是农业COD和氨氮排放指标。2016年，山东省农业COD排放强度达到100克每立方米，农业氨氮排放强度为5.4克每立方米，分别排在全国第2位、第1位，

减排要求迫切；农药施用强度为 20 千克每公顷，化肥施用强度为 600 千克每公顷，分别排在全国的第 9 位、第 7 位，有很大的下降空间。另外，休闲农业发展不足是山东农业质量高效方面的突出短板，其休闲农业经营收入仅占全省农业总产值的 2.52%，比重排在全国第 15 位。

二十八、新疆要重点降低水耗，全面提高农业质量效益

新疆维吾尔族自治区的农业绿色发展总体水平较低，在环境友好方面具有一定的优势，明显不足在于质量高效方面，同时生态保育方面也存在较大提升空间。其中，环境友好维度得分达到 0.161 分，居全国第 8 位，相对靠前；质量高效维度得分仅 0.077，仅占该维度得分总额的 30%，排在全国第 27 位，需要加快提升；生态保育方面的得分相对较高，为 0.115 分，但横向比较排在全国第 31 位，有待提高。另外，新疆的资源节约维度得分达到了 0.175，但横向比较排在全国第 21 位，较为靠后。

从二级维度指标情况来看，新疆质量高效 3 个二级指标均存在很大的提升空间，森林覆盖率较低是其生态友好方面得分较低的主要原因。在质量高效方面，2016 年新疆休闲农业产值占比仅

0.56%，排在全国第29在；绿色农产品密度为0.77个每万公顷，排在全国第22位；农民人均收入10183元，排在全国第23位，均需加快提升。在生态友好方面，新疆的自然保护区面积比重较高，达到了11.8%，排在全国第8位，但湿地面积仅占区域总面积的2.38%，森林面积仅占区域总面积的4.2%，分别排在全国第27位、第31位，存在很大的提升空间。另外，新疆每万元农业产值的耗水量达到了2465吨，排在全国第2位，是其资源节约方面的突出短板；化肥施用强度达到了480千克每公顷，排在全国第15位，是其环境友好方面的突出短板。

二十九、山西要保持资源节约优势，强化生态保育和质量效益

山西省农业绿色发展的突出优势是资源节约，明显不足也在于质量高效方面，生态保育方面也存在较大提升空间。其中，资源节约维度得分为0.197分，居全国第3位，仅次于陕西和辽宁，相对优势明显；质量高效维度得分仅0.089分，排在全国第20位，需尽快提升；生态保育维度得分相对较高，为0.135分，但横向比较排在全国第30位，仅高于新疆地区，有待提高。另外，环境友好维度得分为0.127，排在全国第18位，属于居中，也有

较大提高空间。

从二级指标情况来看，山西质量高效 3 个二级指标均存在很大提升空间，湿地面积比重较低是其生态友好方面的突出短板。在质量高效方面，2016 年山西绿色农产品密度为 0.39 个每万公顷，排在全国第 28 位；休闲农业产值占比仅 0.95%，排在全国第 24 在；农民人均收入 10082 元，排在全国第 24 位，均需加快提升。在生态保育方面，山西湿地面积仅占区域总面积的 0.97%，排在全国的最后一位，亟待加强。

三十、宁夏需加快减排增效，全面提升绿色发展水平

宁夏农业绿色发展总体水平较低，其在资源节约方面的得分相对较高，突出短板在于质量高效和环境友好方面。其中，资源节约维度得分为 0.171 分，得分相对较高，但横向比较排在第 23 位，较为靠后；质量高效和环境友好维度得分均较低，分别为 0.089 分和 0.106 分，排在全国第 20 位和第 27 位，存在很大的提升空间。另外，宁夏的生态保育维度得分略高，为 0.135，但横向比较排在全国第 25 位，也有待提高。

从二级指标情况来看，宁夏质量高效 3 个二级指标均存在很大提升空间，农业 COD 排放强度过高是其环境友好方面的突出

短板，单位农业产值耗水量过高是其资源节约方面的突出短板。在质量高效方面，2016年宁夏绿色农产品密度为1.57个每万公顷，排在全国第18位；休闲农业产值占比仅0.68%，排在全国第26在；农民人均收入9852元，排在全国第25位，均需加快提升，尤其是加快发展休闲农业，促进农业三产融合。另外，宁夏农业COD排放强度达到了136克每立方米，排在全国首位，需加强治理；农业单位产值的耗水量达到了1805吨每万元，排在全国第3位，需加快提升农业水资源利用效益。

三十一、河南在全面推进农业环境污染治理的同时，需加快提高农业质量效益

河南省农业绿色发展总体水平较低，综合得分仅为0.468分。其资源节约方面的相对得分较高，突出短板在于环境友好方面，同时质量高效方面也存在较大提升空间。其中，资源节约维度得分为0.181，排在全国第17位，属于居中；环境友好维度得分很低，仅为0.064分，排在全国第30位，仅略高于山东，亟待提升；质量高效维度也较低，仅为0.09分，排在全国第19位，需进一步提升。另外，生态保育维度得分相对略高，达到了0.133分，但横向比较排在全国第28位，也有待提高。

从二级指标情况来看，河南省农业环境友好方面4个二级指标均存在很大提升空间，特别是化肥施用强度。2016年河南化肥施用强度为882千克每公顷，排在全国第2位；农业COD排放强度为34克每立方米，居全国第6位；农业氨氮排放强度为2.6克每立方米，排在全国第4位，需加快推进农业环境治理，提高农药化肥等要素的使用效益。另外，农业产品品牌建设和休闲农业发展不足是质量高效维度得分较低的主要原因，2016年河南绿色食品标志产品密度仅为0.67个每万公顷，排在全国第23位；休闲农业产值仅占农业总产值的1.24%，排在全国第21位，均有待进一步提升。

参考文献

［1］徐国祥主编．统计指数理论及应用．北京：中国统计出版社，2009.

［2］魏胜之，乔德华，张东伟．甘肃农业绿色发展研究报告．北京：中国社会科学出版社，2018.

［3］金赛美．供给侧改革背景下农业绿色发展评价指数研究．北京：经济管理出版社，2018.

［4］梁盛平，潘善斌．贵安新区绿色发展指数报告（2016）．北京：社会科学文献出版社，2016.

［5］严耕，吴明红等．中国省域生态文明建设评价报告（ECI 2016）．北京：社会科学文献出版社，2017.

［6］中心 .2016 中国绿色发展指数报告：区域比较．北京：北京师范大学出版社，2017.

［7］北京师范大学与资源管理研究院，西南财经大学发展研究院，国家统计局中国经济景气监测

［8］杜润生．杜润生文集（1980—1998）．太原：山西经济出版社，1998.

［9］中国科学院可持续发展战略研究组 .2015 中国可持续发展报告——重塑生态环境治理体系 . 北京：科学出版社，2015.

［10］王欧 . 基于村户微观观察的“三农”政策执行评估与满意度评价 . 北京：中国农业出版社，2014.

［11］王欧 . 国际生态农业与有机农业发展政策与启示 [J]，世界农业，2013（1）.

［12］王欧 . 农业资源台账的国外实践及对中国农业资源台账发展的启示 [J]，世界农业，2017（11）.

［13］诸文娟 . 美国农业政策与德国农业政策的比较 [J]. 南方农业 ,2015，9（9）.

［14］任娇 , 何忠伟 , 刘芳 . 美国农业人才培养对中国现代农业人才培养改革的启示 [J]. 世界农业 ,2016（12）.

［15］马晓春 . 中国与主要发达国家农业支持政策比较研究 [D]. 中国农业科学院 ,2010.

［16］刘濛 . 国外绿色农业发展及对中国的启示 [J]. 世界农业 ,2013（1）.

［17］罗超烈，曾福生 . 欧盟共同农业政策的演变与经验分析 [J]. 世界农业，2015（4）.

［18］董利苹，李先婷，高峰 , 等 . 美国和欧盟农业政策发展研究及对中国的启示 [J]. 世界农业，2017（1）.

［19］张恒 . 美国农业经济发展的政策研究 [D]. 吉林大学，2017.

[20] 梁世夫，赵玉阁 . 国外农业政策择定模式及对我国的启示 [J]. 农业经济问题，2008（7）.

[21] 张春梅 . 绿色农业发展机制研究 [D]. 吉林大学，2017.

[22] 王雅梅 . 欧盟共同农业政策向共同农业和农村发展政策的转变探析 [J]. 农村经济 ,2009（5）.

[23] 刘文博 . 欧盟共同农业政策改革和科技创新机制研究 [D]. 中国农业科学院，2016.

[24] 周应恒，彭云，周德 . 中国农业发展困境与农业支持政策改革转型——基于欧盟共同农业支持政策改革的启示 [J]. 江苏农业科学，2017，45（11）.

[25] 张敏 . 欧盟绿色经济的创新化发展路径及前瞻性研究 [J]. 欧洲研究，2015（6）.

[26] 朱章玉，李道棠，俞佩金等 . 实践中的一种城郊农业生态工程模式 . 城市环境与城市生态，1988（3）.

[27] 冯向东 . 略论乡镇工业引起的生态问题与整治对策 . 生态学杂志，1989（5）.

[28] 张笑兰 . 发展农业生产与保护生态环境 . 生态与农村环境学报，1986（3）.

[29] 郭士勤，蒋天中 . 农业环境污染及其危害 . 农业环境科学学报，1981（00）.

[30] 周小平 . 农村环境保护与生态农业 . 农业现代化研究，1986

（6）.

［31］张壬午，冯宇澄，王洪庆等 . 论具有中国特色的生态农业——我国生态农业与国外替代农业的比较 . 农业现代化研究，1989，10（3）.

［32］唐德富 . 谈谈生态农业的生态设计 . 农村生态环境，1988（3）.

［33］高怀友 . 中国农业环境保护工作现状 . 中国环境管理（吉林），1996（3）.

［34］陈懿 . 对完善中国农村环境法制的建议 . 世界环境，2008（5）.

［35］陶思明 . 浅论农村生态环境的主要问题及其保护对策 . 上海环境科学，1996（10）.

［36］刘玉凯 . 加强农村环境保护工作 . 农村生态环境，1994，10（3）.

［37］刘国光 . 论中国农村的可持续发展 . 中国农村经济，1999（11）.

［38］朱兆良，孙波等 . 我国农业面源污染的控制政策和措施 . 科技导报，2005（4）.

［39］路明 . 我国农村环境污染现状与防治对策 . 农业环境与发展，2008（3）.

［40］苏杨，马宙宙 . 我国农村现代化进程中的环境污染问题及

对策研究 . 中国人口·资源与环境，2006（2）.

［41］王莉，沈贵银 . 我国农业环境保护的措施、难点和对策 . 经济研究参考，2013（8）.

［42］周芳，金书秦，沈贵银 . 基于省级层面的中国农药使用环境库兹涅茨曲线研究 . 江苏农业科学，2017（13）.

［43］董文兵 . 从十个中央 1 号文件看 30 年农村改革 . 中国石油大学学报（社会科学版），2008（6）.

［44］李海鸥 . 从 10 个中央 1 号文件看中国农村改革 . 投资北京，2008（7）.

［45］高俊才 . 统筹兼顾 改革创新 加快推进中国特色农业现代化——学习 2014 年中央 1 号文件体会 . 中国经贸导刊，2014（4）.

［46］金书秦，沈贵银 . 中国农业面源污染的困境摆脱与绿色转型 . 改革，2013（5）.

［47］杜志雄，金书秦 . 中国农业政策新目标的形成与实现 . 东岳论丛，2016（2）.

［48］陈秧分，王国刚，孙炜琳 . 乡村振兴战略中的农业地位与农业发展 . 农业经济问题，2018（1）

［49］李周 . 用绿色理念引领山区生态经济发展 . 中国农村经济，2018（1）.

［50］郑红霞，王毅，黄宝荣 . 绿色发展评价指标体系研究综述 . 工业技术经济，2013（02）.

[51] 邱琼 . 绿色发展 GDP 核算研究综述 . 中国统计，2006（9）.

[52] 徐旭 . 我国资源型城市绿色发展评价指标研究 . 中外企业家，2014（28）.

[53] 辛岭，蒋和平 . 我国农业现代化发展水平评价指标体系的构建和测算 . 农业现代化研究，2010（06）.

[54] 李丽纯 . 后现代农业视角下的中国农业现代化效益水平测评 . 农业经济问题，2013（12）.

[55] 龙冬平，李同昇，苗园园等 . 中国农业现代化发展水平空间分异及类型 . 地理学报，2014（2）.

[56] 牛文元 . 中国农业资源的可持续性分析 . 自然资源学报，1996（04）.

[57] 高鹏，刘燕妮 . 我国农业可持续发展水平的聚类评价——基于 2000—2009 年省域面板数据的实证分析 . 经济学家，2012（03）.

[58] 高旺盛，董孝斌 . 黄土高原丘陵沟壑区脆弱农业生态系统服务评价——以安塞县为例 . 自然资源学报，2003（02）.

[59] 潘丹，应瑞瑶 . 中国农业生态效率评价方法与实证——基于非期望产出的 SBM 模型分析 . 生态学报，2013（12）.

[60] 牛敏杰，赵俊伟，尹昌斌等 . 我国农业生态文明水平评价及空间分异研究 . 农业经济问题，2016（03）.

[61] 于法稳 . 习近平绿色发展新思想与农业的绿色转型发展 . 中

国农村观察，2016（05）.

［62］罗必良 . 推进我国农业绿色转型发展的战略选择 . 农业经济与管理，2017（06）.

［63］李晓西，刘一萌，宋涛 . 人类绿色发展指数的测算 . 中国社会科学，2014（06）.

［64］美国农业部经济研究局（compiled by economic research service，USDA）.

［65］环保总局网站 . 中国绿色国民经济核算研究报告 2004 发布，http://www.h2o-china.com/ news/50803.html.

［66］国家统计局：2016 年生态文明建设评价年度评价报告结果，http://www.stats.gov.cn/tjsj/zxfb/201712/t20171226_1566827.html，2017-12-26.

［67］美国环境署，https://www.epa.gov/.

［68］欧洲共同体，https://ec.europa.eu/eurostat/.

［69］英国农林渔业管理部，https://www.daera-ni.gov.uk/.

［70］SEI & UNDP. China Human Decelopment Report 2002: Making Green Development a Choice. Oxford University Press,2002.

［71］K.H. Alfsen, T.A. Bye and L. Lorentsen. Natural Resource Accounting and Analysis: The Norwegian Experience 1978-1986[R]. Statistisk sentralbyra, 1987.

［72］Statistics Canada. Concepts, Sources and Methods of the

Canadian System Environmental and Resource Account[R]. Stacan.gc.ca, 2006.

[73] Tamanini, Jeremy. CGEI 2014 : Measuring National Performance in the Green Economy, 4th edition, http:// dualcitizeninc.com/GGEI-Report2014.pdf.

[74] UNESCAP. Eco-efficiency Indicators: Measuring Resource-use Efficiency and the Impact of Economic Activities on the Environment[R]. UNESCAP, 2009.

[75] UNDP. Human Development Report 2016: Human Development for Everyone, 2016.

[76] David B.Grigg, The Agricultural Systems of the World[M]. Cambridge：Cambridge University Press， 1974.

[77] Kaufmann R K. Blueprint for a green economy [J]. Ecological Economics， 1993: 75-78.

[78] Marsden T, Sonnino R. Rural development and the regional state: Denying multifunctional agriculture in the UK[J]. Journal of Rural Studies. 2008, 24(4): 422-431.

[79] Jordan N, Boody G, Broussard W, et al. Sustainable Development of the Agricultural Bio-Economy[J]. Science. 2007, 316(5831): 1570-1571.

[80] Anderson K, Tyers R. Japan's agricultural policy in international perspective[J]. Journal of the Japanese & International Economies， 1987,

1(2): 131–146.

[81] Wang X, Mauzerall D L. Characterizing distributions of surface ozone and its impact on grain production in China, Japan and South Korea: 1990 and 2020[J]. Atmospheric Environment. 2004, 38(26): 4383–4402.

[82] Sakamoto K, Yongju C, Burmeister L L. Framing multifunctionality: agricultural policy paradigm change in South Korea and Japan [J]. International Journal of Sociology of Agriculture&Food. 2007(1): 24–45.

[83] Diao X, Dyck J H, Skully D W, et al. Structural Change and Agricultural Protection: Costs of Korean Agricultural Policy, 1975 and 1990[J]. Agricultural Economics Reports. 2002(21492).